CONTES PHILOSOPHIQUES ET MORAUX

de Jonathan le Visionnaire,

PUBLIÉS

PAR X.-B. SAINTINE.

Deuxième édition.

TOME SECOND.

PARIS.
AMBROISE DUPONT ET RORET,
QUAI DES AUGUSTINS, N° 37.
BRUXELLES,
CHEZ GRIGNON,
MAISON BAUDOUIN FRÈRES.

1826.

CONTES
PHILOSOPHIQUES
ET MORAUX
de Jonathan le Visionnaire.

TOME SECOND.

IMPRIMERIE DE J. TASTU,
RUE DE VAUGIRARD, N. 36.

Devéria del.   Couché fils dir.

Les deux Écus

CONTES
PHILOSOPHIQUES
ET MORAUX

de Jonathan le Visionnaire,

PUBLIÉS

PAR X.-B. SAINTINE.

Citoyen de tous les pays, contemporain de bien des âges, il semble que Dieu m'a oublié sur la terre pour y laisser un spectateur inamovible de tous les changemens qui y sont survenus.

Deuxième édition.

TOME SECOND.

PARIS.
AMBROISE DUPONT ET RORET,
QUAI DES AUGUSTINS, N° 37.

1826.

JONATHAN

LE VISIONNAIRE.

LES DEUX ÉCUS.

Je parlerai; mais me croira-t-on?
(*Les Sophismes.* F. BACON.)

TOUT a son langage dans la nature; les chevaux et les ânes ont parfois été doués de la parole, j'en atteste Homère et l'Écriture. M. Dupont de Nemours connaissait les dialectes différens de diverses espèces d'oiseaux; les fleuves même ont élevé leurs *grosses voix*; des sons distinctement articulés sont sortis des rochers; et il est probable que les pierres, dont l'ouïe était assez exercée pour se montrer sensible au charme de la lyre d'Orphée, pouvaient correspondre oralement entre elles. Je mépriserai donc les clameurs des incrédules, et vais raconter naïvement la conversation singulière dont je fus un jour l'auditeur.

Pensif, solitaire, je parcourais les alentours de Paris; là, les bras croisés sur la poitrine, le front baissé, je laissais errer mon esprit, et m'abandonnais doucement au charme de mes rêveries, lorsqu'une voix argentine frappa tout à coup mon oreille. Je me retourne et ne vois rien; j'écoute encore, et j'entends de nouveau la douce voix; mais en vain je veux connaître son origine. A force de recherches et d'attention, je m'aperçois enfin que cette voix argentine, cette douce voix, soit prestige, soit miracle, sortait.... d'où? Le dirai-je?.... De ma poche: oui, de la poche de mon gilet. Je ne suis point plus crédule qu'un autre : je doutai long-temps, mais il fallut bien se rendre à l'évidence, lorsqu'une seconde voix répondit à la première. Quels étaient donc les interlocuteurs ? Deux pièces d'argent, l'une de cinq et l'autre de six francs, meublaient seules, pour l'instant, l'intérieur de cette poche. Mon soupçon dut tomber sur elles, et mon soupçon devint bientôt certitude, quand j'entendis distinctement le dialogue suivant :

« Par quel hasard vous retrouvé-je ici, ma chère ? Bénis soient les dieux qui nous ont réunies, ces dieux, dont vous et moi nous descendons peut-être, car jadis il y en avait d'or et d'argent.—Vous eussiez été médaille que vous ne seriez pas plus savante, répliqua l'autre. — Mon peu d'instruction ne saurait vous étonner, reprit la première, quand vous saurez que, née sous le règne de Louis XV dont je porte encore l'effigie, j'ai appartenu de mon temps aux plus beaux esprits de ce siècle : j'ai passé de la poche d'Helvétius dans celle de Crébillon fils; celles même des Voltaire et des Diderot me furent ouvertes, et c'est dans la société de ces hommes illustres que j'ai acquis le peu que je vaux moralement. Mais, ma chère, tirez-moi de mon embarras; grands dieux! combien votre figure me paraît changée! Sans votre voix, il m'eût été impossible de vous reconnaître, tant quelques années ont apporté de différence dans vos traits.—Nul n'est maître de ses destinées, répondit la pièce de cinq francs; tour à tour républicaine, impériale et royale, tantôt le front couvert du bonnet de la liberté, ou ceint des lauriers de l'empire, j'ai sans cesse, malgré moi, changé de formes et servi à tous les gouvernemens qui ont régi la France depuis trente ans. Si vous avez cultivé les sciences et la littérature, moi, moins heureuse que vous, je ne pus m'adonner qu'à la politique, ayant presque toujours appartenu à des hommes d'état. »

« Ah! ma bonne amie, s'écria la pièce de six francs, qu'il me serait doux d'entendre votre histoire! Nous sommes seules; notre possesseur ne semble pas disposé à nous séparer de si tôt; l'instant est favorable.—Commencez, dit l'autre; je suis la plus jeune, et je dois vous céder le pas. «La pièce contemporaine des Voltaire et des Diderot était savante et causeuse; elle ne se fit point prier.

« Je dus mon existence à la fonte que fit faire, en 1718, le ministre d'Argenson, avec les barres d'argent fournies par les négocians de Saint-Malo à la régence. Mais, hélas! l'infortune devait m'assaillir à mon entrée dans le monde! Je ne vis la lumière que pour être, ainsi que mes égales, l'objet de la plus injuste persécution. Je m'explique. Ce fut dans ce temps que le fameux Law fit adopter au régent son système ruineux de finances. Pour faire recourir plus facilement à son papier-monnaie, il se crut forcé de nous discréditer dans l'opinion publique. De là les vexations auxquelles nous fûmes si long-temps en butte ; à chaque instant un nouvel édit venait mettre en doute nos droits et notre valeur ; enfin, après de longues fluctuations, la victoire nous resta : Law fut honteusement chassé de France, et, après avoir été l'homme le plus riche de l'état, il mourut de misère à Venise ; juste punition des affronts sans nombre qu'il avait fait subir à l'or et à l'argent.

« Je passe sous silence le temps où, mise en circulation dans le commerce, je parcourus mille coffre-forts, vingt ports de mer, toujours en activité, passant de main en main, de sac en sac, sans cesse présentée, acceptée, changée, empilée, empruntée, prêtée, volée, et n'ayant pas même le loisir, dans mes courtes stations, de faire quelques observations philosophiques ou morales sur mes nombreux possesseurs. Le ciel prit pitié de moi, et bientôt, loin du commerce et des commerçans, j'habitai le Marais à Paris.

« Mon nouveau maître, bon bourgeois, partisan des mœurs antiques qu'il entretenait le plus qu'il pouvait dans sa famille, était vieux, riche, économe, sobre, rangé dans son intérieur, faisait des semonces à sa femme, donnait des conseils à sa fille, portait une perruque carrée, parlait toujours, raisonnait rarement, ne riait jamais, et cependant, ami secret des beaux-arts, il se dérobait parfois aux soins de sa maison pour aller leur rendre hommage dans leur temple commun, à l'Opéra enfin.

« Mais, soit fatigue, faiblesse d'organes, ou plutôt pour ne point déroger à l'usage établi, le sommeil semblait entrer avec lui dans sa loge, et s'emparait de ses sens, jusqu'à ce que des airs de danse vinssent tout à coup le tirer de sa léthargie. Alors il ouvrait de grands yeux, de grandes oreilles, embrassait de son regard bourgeois les déesses et les nymphes qui venaient étaler leurs charmes, leurs grâces, leur divinité aux yeux du public. Une d'entre elles surtout semblait l'occuper exclusivement ; il la suivait de l'œil, mimait tous ses mouvemens, retenait sa respiration tandis qu'elle dansait ; et lorsqu'elle avait disparu, soit dans un char, soit dans un nuage, il poussait un gros soupir, prenait sa canne, son chapeau, rentrait chez lui, faisait des semonces à sa femme et donnait des conseils à sa fille.

« Un jour, il se para, se mira, s'adonisa, fut droit à un superbe hôtel, se fit annoncer, et trouva Vénus ou Calypso dans un négligé mille fois plus séduisant que toutes les parures de l'Olympe. Il voulut parler, sa langue s'embarrassa ; ne pouvant ni prêcher les vertus antiques, ni faire de semonces, ni donner de conseils, il bégaya, se troubla, se déconcerta ; et cependant, par un instinct rare dans la bourgeoisie d'alors, il remplaça l'expression par le geste, plongea bruyamment sa main dans sa poche, où j'étais logée avec plusieurs de mes compagnes ; nous rendîmes un son qui, dans l'instant, sembla parler pour lui, et prêter à son silence même une éloquence entraînante.

« La belle qui, à la carrure de sa taille, à la clarté de ses discours, à sa canne à pomme d'or, à son geste énergique, le prenait pour un homme de finance, commença à s'attendrir de confiance : il le vit ; et, tombant aux pieds de la déesse, il lui montra sa main pleine d'écus tournois. Mais elle ne faisait sans doute cas que de l'or. Soit mépris de nous autres, soit que la figure grotesque de son vieux galant étouffât sa sensibilité naturelle, elle poussa un long éclat de rire, et, frappant rudement en dessous cette main qui nous tenait pêle-mêle, nous fit toutes voler au milieu de l'appartement, ou rouler sous les meubles. Sonner ses gens, rire de plus belle, faire mettre son vieil adorateur à la porte, fut pour elle l'affaire d'un moment. Elle riait encore, lorsque, avec fracas, entre un brillant mousquetaire. Nous gisions toujours éparses çà et là sur le parquet. Cette indifférence, ce mépris offensant, dont elle semblait nous accabler, et auquel nous n'étions certes point accoutumées, fit monter au plus haut degré mon indignation, car sans être un doublon espagnol, chacun sait ce qu'il vaut. Mon amour-propre froissé ne m'empêcha pas cependant d'entendre le colloque suivant :

« Eh! ma belle amie, pourquoi ces bruyans éclats de rire? Lisez-vous les facéties de Voltaire ou les tragédies de La Harpe ? — Mon cher Dorat, combien vous arrivez à propos! (*En riant.*) L'histoire la plus inconcevable, la plus comique! Mais riez donc. — Je ne demande pas mieux ; mais encore faut-il que je sache.... — (*En riant.*) Un sujet de pièce, mon cher Dorat; un sujet charmant! — Mais enfin ? .... — De gros yeux.... des écus.... la figure la plus singulière! Mais riez donc! — J'attends.... — (*En riant.*) C'est charmant! c'est divin! j'en mourrai! (*Reprenant tout à coup son sérieux.*) Un sot, un rustre, une espèce qui se permet d'être amoureux de moi. — Je ne vois jusqu'à présent, dans votre histoire inconcevable, rien que de très naturel. — (*D'un air forcé.*) Qui ose m'offrir de l'argent blanc! à moi! Me prend-il pour une femme sans mœurs? pour une fille de rien? De l'argent blanc! — C'est affreux! c'est presque vous manquer de respect. — Aussi je l'ai fait chasser. — Parbleu! belle dame, à propos d'argent, ceci me rappelle qu'hier, avec le marquis, nous avons fait une orgie. — Une orgie? Fi donc! — Que voulez-vous? j'ai des vices; vous le savez, chère amie. — Vous en avez besoin, avec cinq maîtresses. — Non! d'honneur, je n'aime que vous; mais vous nous manquiez; j'ai voulu me distraire; Pezay m'a entraîné au lansquenet; j'ai joué, j'ai perdu : je dois vingt-cinq louis sur parole, c'est sacré! — Vous ne doutez point de mon amitié. — J'en eus plus d'une preuve. — Mais, mon cher Dorat, une idée lumineuse! Mon vieux singe paiera une partie de votre dette sacrée. Regardez sur le parquet. — Des écus! où diable placez-vous vos fonds? Allons, preste! aidez-moi. »

« Et voilà notre poète mousquetaire et

sa généreuse amie, daignant enfin prendre garde à nous, qui nous cherchent dans les coins et recoins, et nous rassemblent en hâte. La belle compléta les vingt-cinq louis, et notre nouveau maître la quitta, en lui jurant qu'elle joignait aux charmes de Ninon une ame mille fois plus grande encore que la sienne. Nous nous attendions à payer la dette sacrée. Il n'en fut rien. *Les Baisers* venaient de paraître : moitié de la somme fut employée à prévenir la sévérité de la critique, espèce de Thémis littéraire, qui sait fort bien se servir de sa balance; l'autre, destinée à payer des frais de vignettes, culs-de-lampe, etc., et dont je faisais partie, alla chez le libraire, qui, sur-le-champ, nous mena en grande compagnie chez l'auteur de *Zaïre*, à qui il venait d'acheter une petite satire pour une très grosse somme. Ainsi Dorat se ruinait pour être immortel, tandis que Voltaire s'enrichissait en s'immortalisant.

« Je ne m'arrêterai pas plus long-temps sur des choses intéressantes pour moi seule, et je me hâte d'arriver au but.

« Déjà s'avance l'époque de mes malheurs. La révolution se prépare, se mûrit, éclate enfin, et, de son sein, je vois s'échapper une masse considérable de nouveau papier-monnaie, qui long-temps nous fit subir le sort que Law nous avait fait éprouver jadis : mais ce n'était là que le prélude d'infortunes plus grandes. La nation que nous avions si long-temps servie et enrichie, semble nous répudier; un nouveau système monétaire s'établit, et, chaque année, une foule considérable d'entre nous, envoyée à la fonderie, y va perdre sa figure et son existence.

« Je me souviens que, dans ce temps, par le plus grand des hasards, j'appartenais à la respectable veuve de ce bon bourgeois qui faisait des semonces à sa femme, et donnait des conseils à sa fille. Nommée, depuis la mort de son époux, dame de charité de son arrondissement, la digne créature s'acquittait à merveille des devoirs de sa charge; et, visitant les greniers et les masures, y conduisait avec elle la consolation, l'espérance et l'oubli des douleurs. Un jour, elle me comprit au nombre de ses aumônes, et bientôt nous arrivâmes au dernier étage d'un hôtel, dans un réduit obscur, où la clarté du ciel ne pénétrait tout juste que pour laisser apercevoir sur un grabat une malheureuse femme, dans un état de dénuement difficile à concevoir. Notre présence sembla, pour un instant, faire apparaître un rayon de joie sur ce visage décoloré, que la douleur et la misère avaient empreint de leur sceau destructeur. Ma maîtresse alors se sépara de moi en faveur de cette infortunée, qui me reçut avec toutes les marques de la reconnaissance la plus expressive. Elle baisait les mains de sa bienfaitrice, me baisait moi-même, fixait sur moi un œil étonné, humide de larmes. Quelle fut ma surprise quand je reconnus, dans cette misérable créature si pauvre, si défigurée, si abandonnée, la brillante danseuse, qui jadis m'avait reçue avec un dédain si gai, si méprisant, lorsque je lui avais été offerte par l'époux de cette bonne dame dont elle venait de baiser les mains !

« Je ne sortis du grabat de la généreuse amie de Dorat que pour entrer dans les coffres d'un Israélite, grand avare, grand brocanteur, prêteur sur gages, qui, passant sur mon front une lime infamante, me mutila lâchement, et força mes nouveaux maîtres à prendre pour un outrage du temps ce qui n'était que l'effet de sa sordide avarice.

« Peu de temps après, la foudre tomba

sur notre tête. Le gouvernement d'alors, oubliant toutes les lois divines et humaines, froissant tous les intérêts et toutes les fortunes, nous fit arbitrairement déchoir de notre valeur. Depuis ce temps, objet de mépris, portant un titre que je ne puis justifier, j'ai vu mes possesseurs nombreux ne me garder qu'avec inquiétude, m'échanger sans cesse ; et je n'ai connu de joie que lorsque le sort me plaça près de vous. Enfin j'attends le jour fatal où, désignée pour la fonte, il me faudra dépouiller cette forme, cette effigie royale, que j'ai conservées fidèlement depuis le jour de ma création. Si quelque chose cependant adoucit mes regrets amers, c'est l'espoir d'être alors comptée au nombre de vos pareilles. »

Ici la pièce de six francs cessa de parler ; celle de cinq, après l'avoir remerciée, commença ainsi :

« Ce fut en 1793 que je naquis, au milieu des troubles civils de la France. L'assemblée législative fit alors un appel au peuple, que l'on vit bientôt, imitateur des Cincinnatus et des Fabricius, abjurant l'intérêt et le luxe, porter à l'Hôtel des monnaies ses vaisselles et ses bijoux d'or et d'argent; je dus le jour à cet élan patriotique.

« Hélas! je l'avouerai, je ne restai pas fidèle, ainsi que vous, à mon empreinte primitive. Chacun des gouvernemens qui se succédaient alors avec tant de rapidité me fit changer de forme et de figure. L'assemblée législative, la convention, le directoire, le consulat, l'empire, me virent tour à tour parée de leurs légendes, de leurs attributs; et, soit faiblesse de caractère, soit plutôt la force irrésistible des circonstances, je devins ce qu'on appelle une franche girouette. Il fut même un instant où je me trouvai, ainsi que beaucoup d'autres honnêtes gens, être de deux partis à la fois. Oui, pendant l'an XIII, tandis que d'un côté j'arborais encore les emblèmes de la république expirante, de l'autre je présentais la face, le nouveau nom, le nouveau titre de son destructeur.

« Sans me vanter, je puis dire qu'alors je jouai un certain rôle dans les affaires publiques. Mes compagnes et moi, répandues avec profusion parmi le peuple, nous formions ses sentimens, excitions son amour et préparions son enthousiasme. Je n'en finirais pas si je voulais raconter tous les services que je rendis au gouvernement qui venait de s'établir. Notre présence seule, comme par enchantement, faisait tomber le masque des faux amans de la liberté : je voyais ces Brutus financiers quitter aussitôt cette physionomie sévère alors de rigueur; abjurer la rudesse de l'égalité, pour essayer le sourire protecteur et la révérence de cour.

« J'appartins dans ce temps à un riche fournisseur des armées, qui, quoique d'une nature fort roturière, avait au plus haut degré la manie des ancêtres. Les portraits de tous ses aïeux bourgeois, classés par ordre de naissance, tapissaient avec orgueil les murs de son appartement lorsque la révolution éclata. Craignant pour des têtes si chères, qui, à la vérité, étaient presque toutes poudrées à blanc, signe certain de féodalité, il pensa que le seul moyen de conjurer la proscription qui pouvait fondre sur elles était de les couvrir prudemment des insignes de la liberté. Un peintre fut aussitôt mandé; à la place d'une rose, mon maître fit tracer une large cocarde sur le cadogan de sa bisaïeule, en dépit de deux énormes paniers qui dévoilaient l'anachronisme de la cocarde. Son père fut affublé du bonnet phrygien, malgré sa bourse et ses ailes de pigeon, et son oncle, curé de son vivant, par conséquent plus imminemment encore en danger que les autres, fut cuirassé, botté, éperonné ; un casque de dragon couvrit son front tonsuré, et deux épaisses moustaches ombragèrent ces lèvres d'où jadis ne devaient sortir que des paroles de paix.

« Mais le nouveau changement politique de 1804 vint prescrire à mon digne maître de nouvelles métamorphoses de famille. La monarchie semblait vouloir renaître. Nommé tout à coup baron, il commençait à rougir du bonnet phrygien de monsieur son père. Peut-être le peintre allait-il revenir détruire son propre ouvrage, et, qui sait, à force de broderies, de cordons et de croix, faire des comtes, des marquis et des commandeurs de la race roturière de monsieur le baron. Le curé-dragon allait, tout au moins, être promu au cardinalat ; mais l'amour en décida autrement.

« Une fille, d'ancienne maison, plut à monsieur le fournisseur des armées, qui, grâce à sa fortune, l'obtint en mariage. Dès lors, renonçant entièrement à ses aïeux, il les remplaça par ceux de sa femme, qu'il fit peindre à ses frais. Un jour cependant, par un reste de tendresse qu'il ne pouvait vaincre, tant les premières impressions sont durables chez nous, tous ses ancêtres furent refaits à la silhouette; et, tandis que la partie noble de sa famille occupait ses somptueux appartemens de la ville, toute la partie roturière alla tapisser les murs du pavillon chinois de sa maison de campagne.

« M. le baron, gouverné par sa femme, ne tarda pas à éblouir la capitale par le luxe de ses hôtels et de ses équipages. Madame la baronne aimait à briller. Mais l'ex-fournisseur s'aperçut que les dépenses excédaient les revenus; il parla d'économie; la baronne, qui n'aimait point ces moyens abjects, se chargea de rétablir l'équilibre dans ses finances, sans changer l'ordre ordinaire de sa maison.

« Un nouveau plaisir fut ajouté aux plaisirs nombreux dont on jouissait déjà dans l'hôtel. Un superbe jeu de roulette s'y établit. Peu à peu les jeunes gens à la mode dédaignèrent la danse, la musique, et le tableau séducteur de ces groupes de femmes élégantes, répandus dans les salons. L'accès de l'hôtel devint facile aux étrangers, et il fut transformé enfin en un véritable tripot. Vous allez apprendre, ma chère, comment le ciel daigna se servir de moi, faible et pauvre créature, pour changer la face brillante de cette maison, et punir monsieur le baron du mauvais usage qu'il faisait de ses richesses.

« Au milieu d'une fête magnifique qu'on donnait dans l'hôtel, un homme mal vêtu s'y présente. « Monsieur le baron me reconnaît-il? — J'ai une idée confuse..... —

Je suis votre parent, monsieur le baron ; Gaspard....... — Parlez plus bas. — Fils de.... — Plus bas, vous dis-je. Je vous reconnais ; mais je suis importuné dans cet endroit ; veuillez bien me suivre. » Et il le conduit dans l'allée principale du jardin. « Que puis-je faire pour vous, monsieur? — Comme un bon parent, m'aider à sortir d'embarras ; je possède quelques talens, j'ai de l'activité.... — Il suffit ; laissez votre adresse à mon concierge, je penserai à vous. — J'avais une place, monsieur le baron ; je l'ai perdue, et votre protection... — Adieu ; madame s'inquiète sans doute de mon absence ; je la rejoins : » et, en s'éloignant, il semble offrir la main à son cousin Gaspard, qui, ne voyant dans ce geste qu'un signe d'amitié, la saisit avec empressement, mais qui bientôt retire brusquement la sienne en sentant quelques pièces de monnaie, dont je faisais partie, s'échapper de celle du baron. Le mouvement d'orgueil du cousin Gaspard nous fit choir au milieu de l'allée. « Gardez vos aumônes et votre protection! » s'écrie-t-il, et il franchit précipitamment les portes de l'hôtel, tandis que le baron, honteux et indigné, rentre, et ne sent calmer son dépit qu'en voyant, dans la salle de roulette, le tapis couvert d'or et d'argent, et les râteaux de ses banquiers ramener dans ses caisses de quoi faire les frais de vingt fêtes pareilles à celle qu'il donnait, ce jour même, avec tant de faste et de générosité.

« Parmi les joueurs que la fortune trahissait dans cet instant, se trouvait un jeune héritier de province récemment débarqué à Paris avec son trésor. Présenté dans la maison du baron, il y avait contracté la fatale passion du jeu. La chance lui avait été tellement funeste ce jour même, qu'après avoir vu s'échapper de ses mains tout l'héritage de ses pères, consumé de honte et de regrets, en proie au désespoir et à la misère, il s'était arraché de ce lieu fatal, où depuis plusieurs heures l'avarice et la cupidité le tenaient sous leurs serres d'aigle. Roulant dans sa tête de sinistres projets, il franchit les cours de l'hôtel, s'élance vers les jardins... Gisante encore dans l'allée où le baron et son cousin Gaspard s'étaient disputé l'honneur de m'abandonner, je m'offre tout à coup à la vue du jeune infortuné. Il s'arrête, me saisit; une lueur d'espérance semble briller sur son visage. Admirez avec moi, ma chère, les vues profondes de la Providence; je venais sans doute de sauver la vie à mon nouveau possesseur; il allait encore me devoir une fortune dix fois au-dessus de celle qu'il venait de perdre. Hélas! il ne devait pas jouir longtemps de tous les biens que je lui rendais!

« Quelque temps inaperçue au milieu des monceaux d'or qui m'entouraient sur le fatal tapis, je vois enfin peu à peu s'amonceler sur moi un nombre considérable de numéraire, résultat inattendu d'une combinaison couronnée du plus brillant succès. Mon jeune maître multiplie audacieusement ses chances de fortune, fait sauter la banque et ruine presque totalement le baron.

« Avide de nouvelles émotions, le malheureux fréquenta les maisons de jeu publiques, et fut réduit, en peu de temps, à l'état de dénuement dont je l'avais tiré si miraculeusement; par un grand hasard, je lui appartenais encore. Un soir, il réalisa le peu qui lui restait, tenta une dernière fois la fortune, perdit; et, le lendemain, je me réveillai dans le tiroir d'un armurier de la rue Saint-Honoré.

«Jetée long-temps, ainsi que vous, dans le commerce, reçue chez nos plus forts banquiers, je fus à même d'observer cette grosse bourgeoisie d'aujourd'hui, si différente de la bonne bourgeoisie d'autrefois Que les mœurs sont changées! combien votre cafard du Marais, qui donnait des conseils à sa fille et faisait des semonces à sa femme, est loin de ressembler à nos richards de la Chaussée-d'Antin, pleins de franchise et de générosité, qui ne donnent à leur fille et à leur femme ni semonces, ni conseils, et qui, loin d'aller avec hypocrisie offrir de l'*argent blanc* à nos Vénus d'Opéra, protégent ouvertement le dieu des beaux-arts, et entretiennent publiquement ses prêtresses!

« Subissant bientôt une nouvelle métamorphose à l'hôtel de la Monnaie, je n'en sortis que pour entrer chez un sénateur, grand homme à la cour, grand orateur au conseil secret, qui remplissait dignement vingt places à la fois, pronostiquait hautement l'immortelle durée du nouveau règne, et faisait des économies.

« Cependant de grands événemens politiques vinrent changer la face de la France ; l'ancien trône de nos rois remplaça subitement le trône européen dont un illustre conquérant avait écrasé la république et deshérité la monarchie. J'allai aussitôt, par l'ordre de Monseigneur, habiter le coffre-fort d'un écrivain politique, qui alors protégeait de sa plume toutes les excellences tombées ou à tomber.

« La France, à cette époque, étant envahie par les étrangers, mes compagnons et moi nous jouâmes un rôle fort important dans la diplomatie. Dans une faible excursion faite hors des murs de la capitale, je tombai entre les mains des cosaques. Ce fut dans la ceinture de l'un d'entre eux que je me trouvai renfermée avec un grand nombre de monnaies étrangères, telles que des roubles, des impériales, des griwnas, des florins, des ducats, des frédérics etc., dont je ne pus comprendre le baragouinage, mais qui toutes cependant me semblèrent être arrivées dans notre prison commune d'une manière violente. Je désespérais déjà de revoir jamais le ciel de ma patrie ; mais la veille de la capitulation de Paris, ô honte pour la France ! je sortis des rangs de l'armée ennemie, et rentrai furtivement dans la capitale pour.... »

La pièce de cinq francs en était à cette partie de sa narration, et je l'écoutais encore avec une attention soutenue, lorsque je me sentis tout à coup saisir par le collet. Je levai les yeux; j'aperçus devant moi un homme moitié citadin, moitié paysan, demi-bourgeois, demi-militaire; il était brun, grand, fort, armé d'un long sabre; c'était un garde champêtre enfin, puisqu'il faut l'appeler par son nom. Tout entier à la conversation des deux interlocutrices, je ne m'étais point aperçu que depuis une demi-heure je marchais dans des terres ensemencées ; que mes pieds avaient foulé deux plants d'asperges, écrasé un carré de féves naissantes. J'étais pris *in flagrante delicto*, les pieds sur les féves. Il fallait payer le dommage : à mon grand regret, une des causeuses y passa. Ce fut la plus jeune. Avis aux gens distraits qui vont rêver dans les champs sans songer aux plants d'asperges et aux gardes champêtres.

BÉBUT L'AMBITIEUX.

(PERSE.)

BÉBUT L'AMBITIEUX.

Écoutez cette histoire véritable, et voyez où conduit l'ambition.

(HAFIZ, poète persan.)

DANS l'un des faubourgs d'Ispahan, sous le règne d'Abbas Ier, vivait un pauvre ouvrier joaillier, que, dans son voisinage, on désignait sous le nom de Bébut l'honnête homme, car de nombreux exemples de désintéressement et de probité lui avaient mérité ce beau titre.

Choisi comme arbitre dans toutes les querelles, dans tous les débats, ses décisions étaient presque toujours respectées comme celles du kazi lui-même. Laborieux, actif, intelligent, estimé de tout le monde, Bébut était heureux, et l'amour venait encore ajouter à son bonheur. Épris de la belle Tamira, fille de son patron, il en était aimé. Une seule idée cependant troublait sa félicité; il était pauvre, et le père de Tamira ne consentirait jamais à prendre pour gendre un homme sans fortune. Bébut songeait donc souvent aux moyens de s'enrichir, et ses pensées se tournant sans cesse de ce côté, insensiblement et sans qu'il s'en aperçût, l'ambition, dans son cœur, venait prendre la place d'un plus doux sentiment.

Au milieu d'une fête du harem, le grand Schah-Abbas ayant par mégarde foulé à ses pieds l'aigrette royale, appelée jigha, marque de la souveraineté chez les musulmans, la réputation de Bébut décida l'officier chargé des joyaux du prince, à en confier le raccommodage à l'honnête joaillier. Celui-ci, ravi de la confiance qu'il inspirait, se promit bien de tout faire pour la justifier. Mais, tenant entre ses mains les plus riches pierreries des Indes et de la Perse, il était impossible que ses idées d'ambition ne vinssent pas l'assaillir avec plus de force que jamais. « Un seul de ces nombreux diamans, se disait-il, ferait pourtant ma fortune et celle de Tamira ! Je suis incapable d'abuser de ma position ; mais si j'en abusais, Abbas en serait-il moins riche et moins puissant ? il aurait fait le bonheur de deux de ses sujets, sans se douter de rien. Un autre à ma place trouverait, dans un pareil ouvrage, l'occasion de mettre un trésor de côté; mais, moi, je me contenterais d'un seul de ces brillans. Ce serait fort mal, je l'avoue; mais je le remplacerais par un faux diamant taillé, enchâssé avec tant d'art et d'adresse, que le prix du travail surpasserait celui de la matière. Il serait impossible de s'apercevoir du changement : Dieu et le Prophète le verraient bien, je le sais; mais, pour expier cette faute que je m'efforcerais de rendre unique dans ma vie, j'entreprendrais plus tard un pèlerinage à Mashad, même à la Mecque, si le remords me tourmentait trop. »

C'est ainsi qu'à force de *mais*, Bébut l'honnête homme parvint à tranquilliser sa conscience. Le diamant fut enlevé, remplacé par un morceau de cristal, et le jigha parut plus brillant que jamais aux courtisans d'Abbas, qui, ne lui parlant que le front dans la poussière, avaient peu le loisir d'examiner l'éclat de ses pierreries.

Un jour, c'était à l'équinoxe du printemps, le chef des sectateurs d'Ali, selon la coutume de Perse, assis aux portes de son palais, rendait publiquement la justice à tous ses sujets ; un artisan du faubourg de Julfa fendit la foule et se prosterna aux pieds d'Abbas en lui demandant justice. Il accusait le kazi de s'être laissé corrompre, et de l'avoir condamné à tort. « Ma partie adverse et moi, s'écriait-il, avions d'abord eu recours à la décision de Bébut l'honnête homme, qui m'avait donné raison. » Le schah s'informa quel était ce Bébut qui jouissait d'un si beau renom dans le faubourg de Julfa, et il fit venir le kazi. Après avoir mûrement examiné l'affaire, le monarque déclara être lui-même de l'avis de Bébut l'honnête homme, et ordonna au kalantar, gouverneur de la ville, de le lui amener sur-le-champ.

Lorsque Bébut vit cet officier et son escorte s'arrêter devant l'atelier où il travaillait, un tressaillement subit courut dans tous ses membres; mais ce fut bien pis quand celui-ci, de la part de son souverain, lui enjoignit de le suivre. Il était prêt à présenter sa tête, pour se dispenser d'un vain cérémonial, qu'il pensait devoir se terminer par un coup de cimeterre:

cependant il se remit de son trouble et suivit le kalantar.

Arrivé devant Abbas, il n'osait lever les yeux, dans la crainte de voir l'aigrette fatale et le diamant imposteur déposer contre lui; presque mourant, il croyait déjà entendre s'approcher les farouches rikas (1), armés de leurs haches redoutables.

« Bébut, et vous, Ismaël-kazi, leur dit Abbas, puisque de vous deux c'est le joaillier qui rend le mieux la justice, qu'il remplisse seul la place de juge, et vous Ismaël, succédez-lui chez son patron; puissiez-vous vous acquitter de son emploi aussi bien qu'il s'acquittera du vôtre ! »

La sentence fut ponctuellement exécutée, et l'on m'a assuré qu'Ismaël passa depuis pour un excellent bijoutier.

---

(1) Gardes du roi de Perse.

Bébut-kazi, de son côté, prit possession de sa charge; son ambition devait se borner désormais à devenir l'époux de Tamira, et à vivre saintement. La demande en mariage fut bientôt faite et bientôt acceptée : Bébut se croyait donc au comble de ses vœux, et formait les plus doux projets, lorsque le kalantar d'Ispahan se présenta chez lui. Encore plein de la frayeur que lui avait causée la première visite de ce seigneur, il le reçut avec plus de confusion que de politesse, et lui demanda ce qui lui attirait, pour la seconde fois, un pareil honneur : le kalantar lui répondit : « Lorsque j'allai vous transmettre l'ordre du magnanime Abbas, chez votre patron, j'y vis la belle Tamira, aux yeux de gazelle, rose d'Ispahan, brillante comme le campac azuré qui ne croît que dans le paradis; son regard fit sur moi l'effet magique du sceau de Salomon, et je résolus de la prendre pour épouse. Je me suis transporté ce matin même chez son père, mais sa parole vous est engagée, et Bébut-kazi est le seul obstacle à mon bonheur. Écoutez : je possède de grandes richesses et j'ai des amis puissans ; cédez-moi vos droits sur Tamira, et avant peu je vous ferai nommer divan-beghi ; vous serez le chef souverain de la justice dans cette ville, la première de l'univers ; bien plus, je vous donnerai pour épouse ma propre sœur, autrefois rossignol de l'Iran, colombe de Babylone. Je vous laisse y réfléchir ; demain je viendrai chercher une réponse. »

Le nouveau kazi resta anéanti. « Lui céder ma Tamira, disait-il, pour épouser sa sœur, peut-être vieille et méchante, c'est échanger une perle de Bahrein contre une de Mascate ; mais il est puissant ; si je n'y consens, il me fera perdre ma place, et je tiens à ma place. Je la sacrifierais peut-être encore pour posséder

Tamira; mais si je cesse d'être kazi, son père peut me retirer la parole qu'il m'a donnée. J'aime Tamira plus que tout au monde, mais il ne faut point songer qu'à soi, et il serait plus glorieux sans doute pour elle de devenir la femme d'un kalentar, que d'un pauvre petit kazi; eh bien, je m'immole à son bonheur! je la regretterai toute ma vie! mais.... mais.... je serai divan-beghi. »

Si Bébut l'honnête homme, entraîné par une cupidité naissante, avait cru commettre sa première faute en faveur de l'amour et non de l'ambition, il dût être bien détrompé lui-même, lorsque ces deux passions rivales venant à s'entre-choquer dans son cœur, il ne put en bannir que la première. Aussi depuis ce moment, perdant, lorsqu'il en avait plus besoin que jamais, l'estime et la confiance qui l'avaient entouré jusqu'alors, ne fut-il désigné que sous le nom de Bébut l'ambitieux.

Ignorant encore que plus on s'élève, plus la vertu devient chose difficile, il se promettait toujours intérieurement d'édifier par sa conduite tout le corps de la magistrature d'Ispahan qu'il dominait aujourd'hui; non seulement il irait à la Mecque visiter la pierre noire, le temple de la Kaaba, et se purifier dans les eaux du Zimzim (source miraculeuse que Dieu fit jadis sortir de terre, en faveur d'Agar et d'Ismaël son fils), mais encore il distribuerait aux pauvres un double zékath (1), et s'efforcerait de reconquérir à force d'équité, ce beau surnom décerné par le public à l'artisan du faubourg de Julfa.

---

(1) Les Persans appellent zékath la dîme d'aumônes que, d'après l'Alcoran, ils doivent distribuer aux pauvres. (X.)

Les premiers jugemens qu'il rendit en qualité de divan-beghi se ressentirent de cette noble résolution ; mais une malheureuse affaire qui survint, lui démontra la vérité de cette sentence du schah nameh (1), poëme du célèbre Ferdusi : *Notre première faute, semblable au pavot fécond d'Aboutige, amène après elle de nombreuses semences, qui couvrent pour nous de plantes amères et vénéneuses tout le chemin de la vie.*

L'aigrette royale de Schah-Abbas se brisa de nouveau, et fut incontinent confiée aux soins d'un ancien confrère de Bébut. L'ouvrage du joaillier, soumis à un examen sévère, on s'aperçut qu'un diamant fort beau avait été distrait du jigha, et remplacé frauduleusement. L'infortuné

---

(1) *Schah nameh* signifie le *livre royal ;* il fut composé par ordre de Mahmoud le Gaznévide, et contient en 60,000 distiques l'histoire des anciens souverains de la Perse. (X.)

joaillier fut arrêté et traîné au tribunal du divan-béghi. L'ambitieux Bébut se vit perdu s'il ne se hâtait de mettre fin à cette procédure ; il prononça lui-même, contre l'innocent accusé, le châtiment dû à sa propre faute, et l'arrêt fut exécuté sur-le-champ.

Il sentit bientôt qu'un homme tel que lui était indigne de rendre la justice à ses concitoyens ; ce n'était plus un pèlerinage à la Mecque qu'il fallait pour apaiser ses remords ; son ambition exigeait pour sa conscience les distractions du luxe, de l'éclat et des grandeurs. A force d'exactions, il amassa de grosses sommes d'argent ; à force de présens, il sut se rendre favorables les membres les plus influens du Divan, fut nommé khan de Schamachie, et passa des honneurs modestes de la judicature, aux honneurs turbulens d'un gouvernement militaire, mutation fort commune en Perse.

Abbas rassemblait alors des forces pour marcher à la conquête de la province de Kandahar et soumettre les Afghans, qui depuis imposèrent leurs lois à ses descendans. Ce fut au milieu des combats que Bébut l'ambitieux se fit distinguer de cet autre ambitieux, conquérant infatigable, dont la fortune avec toutes ses faveurs ne pouvait assouvir l'immense insatiabilité.

Le khan de Schamachie montra un si grand dévouement, une obéissance tellement aveugle pour son maître, que celui-ci, ravi de trouver un homme comme il en faut à tous les despotes, l'admit à son conseil particulier; car ne connaître d'autre volonté que la sienne, ne penser que par lui, n'avoir point d'avis à soi, était ce qui constituait, aux yeux d'Abbas, un excellent conseiller.

Ce monarque, vainqueur des Kurdes, des Géorgiens, des Turcs et des Afghans, rentrait en triomphe dans Ispahan, dont il avait fait la capitale de ses états, et se proposait d'y jouir en paix, au milieu de l'éclat de la gloire, du fruit de ses vastes conquêtes. Mais le cœur d'un ambitieux connaît-il le repos ? La grandeur du souverain écrasait le peuple ; Abbas le sentait ; puissant, mais détesté, il tremblait au fond de son palais. Suivant la politique orientale, introduite en Europe sur ces derniers temps, il résolut de donner une diversion à ces haines générales, qui, en s'accumulant vers un seul point, compromettaient la sûreté de son trône. Dans ce dessein, il établit dans ses principales villes des colonies nombreuses, tirées des nations vaincues, qui, par leurs priviléges, excitèrent les murmures des premiers habitans de ces cités. Deux factions immenses s'organisèrent bientôt sous les noms de Polenks et de Felenks; Abbas eut soin de les entretenir dans leur rivalité, de les exciter, de les modérer tour à tour afin de détourner leur esprit des actes de son gouvernement. Des débats sanglans s'élevaient parfois; on les comprimait jusqu'au jour de la fête du schah, où il leur était enfin permis d'en venir aux mains en signe de réjouissance; et, lorsqu'armés de pierres et de bâtons, ils avaient jonché les rues de morts et de mourans, les troupes royales paraissaient soudain, et, proclamant la fin des divertissemens, reconduisaient chez eux, à coups de sabre, les Polenks et les Felenks.

Mais, rassuré sur son peuple, le grand politique trembla bientôt devant sa cour, ensuite devant sa famille. De trois fils qu'il avait, deux par son ordre avaient été privés de la vue, par conséquent déclarés, d'après les lois de la Perse, incapables de régner, et confinés au château d'Alamuth (1). Un seul lui restait, c'était

(1) C'est-à-dire le *Château de la mort*. Il

le noble et généreux Safi Mirza, l'amour de son père et l'espoir du peuple. Ses brillantes qualités ne tardèrent pas à lui devenir fatales.

Abbas songeait un jour avec inquiétude à la valeur, aux vertus populaires de son fils, lorsque ce jeune prince parut et se jeta à ses pieds, en lui remettant un billet qu'il venait de recevoir, et dans lequel, sans découvrir leurs noms, des grands du royaume, ne supportant qu'impatiemment un gouvernement tyrannique et cruel, lui proposaient de monter sur le trône, et se chargeaient de lui en frayer le chemin. Safi Mirza, indigné d'un projet qui tendait à le rendre parricide, déclara tout au schah et se remit entièrement à sa disposition. Abbas l'embrassa,

---

était situé dans le Mazanderan (l'ancienne Hircanie), et avait été la résidence du Vieux de la Montagne, prince des Assassins. (X.)

le combla de caresses, et sentit s'accroître encore sa tendresse pour lui; mais, dès ce jour, ses craintes redoublèrent; il tomba dans de si grandes perplexités, qu'il en perdit le sommeil. Pour atteindre les conspirateurs, il fit périr un grand nombre d'innocens dans les supplices; et, à chaque exécution, sentant qu'il se rendait plus odieux encore, il craignit que son fils, sollicité de nouveau, ne retrouvât plus sa même vertu.

Cet état de trouble et de terreur lui devenant insupportable, il résolut enfin de s'en affranchir à tout prix. Un esclave reçut l'ordre de faire mourir le prince; il refusa d'obéir, et présenta sa tête. « N'ai-je donc que des ingrats et des traîtres autour de moi, pour manger mon pain et mon sel! s'écria Abbas; je jure par mon sabre et par l'Alcoran que celui qui me délivrera de Safi Mirza sera comblé de mes bienfaits. » L'ambitieux Bébut se présenta et dit : « Il est écrit que ce que le roi veut est toujours bien ; ta volonté est sacrée pour moi ; j'obéirai. » Il alla aussitôt trouver le prince, et l'ayant rencontré comme il sortait du bain, accompagné d'un seul akhta (ou valet de chambre), il mit le sabre à la main, et lui présentant l'ordre royal : « Safi Mirza, lui dit-il, résigne-toi ; ton père veut que tu meures. » — « Mon père veut ma mort ! s'écria douloureusement le malheureux prince ; qu'ai-je donc fait pour mériter sa haine ? mais que sa volonté soit faite, » et Bébut l'étendit mort à ses pieds.

Pour le payer de son forfait, Abbas lui envoya la veste royale appelée la calaate, et le nomma sur-le-champ premier ministre (étimadoulet).

Cependant l'amour paternel reprit bientôt ses droits ; le remords fit sur lui le même effet que la terreur, et, pendant ses longues nuits, l'ombre sanglante de son fils vint lui disputer le sommeil et le repos, auxquels il avait été sacrifié. Couvert d'habits de deuil, le maître de la Perse éloigna les plaisirs de sa cour, et, durant le reste de sa vie, ne se distingua point par sa parure du moindre de ses sujets.

Un jour il fit mander Bébut, et celui-ci le trouva debout sur les marches de son trône, entièrement vêtu d'écarlate et le front ceint du turban rouge à douze plis; enfin dans le costume que prennent les rois de Perse, lorsqu'ils s'apprêtent à prononcer quelque arrêt de mort. Bébut frémit en le voyant. «Il est écrit que ce que le roi veut est toujours bien, lui dit-il; fais donc aujourd'hui preuve d'obéissance, comme tu le fis naguère. Tu as un fils, Bébut; apporte-moi sa tête!» Bébut voulut parler.... « Bébut-Étimadoulet, khan de Schamachie, ton ambition est-elle donc assouvie, pour que tu hésites à me satisfaire? Obéis! ta vie en dépend. »

Bébut revint, portant à la main la tête de son unique enfant. « Eh bien! lui dit le père de Mirza, avec un affreux sourire, comment te trouves-tu? — Hélas! répondit le malheureux khan, jugez-en par mes larmes; j'ai donné de ma propre main la mort à l'être que je chérissais le plus sur la terre; soyez satisfait. De ce jour seulement j'ai maudit ma fatale ambition, qui m'a soumis à une telle obéissance. » — Va, lui dit le monarque, tu peux juger maintenant de la douleur que m'a causée la mort de mon fils, massacré par toi. L'ambition a fait de nous les deux hommes les plus à plaindre de cet empire; mais console-toi, Bébut, tu as ce point de ressemblance avec ton souverain. » (1)

---

(1) Un roi ordonnant froidement à un de ses sujets de trancher la tête de son propre enfant,

Abbas reçut de son peuple et de la postérité le surnom de *Grand;* Bébut l'am-

---

et se faisant obéir, est une chose tellement monstrueuse, quelle paraîtrait hors de toute vraisemblance, si de nombreux exemples ne venaient l'appuyer. Jonathan, dans ce fait, que nous regarderions comme une horrible exception, n'a fait que peindre les mœurs communes d'une cour où la tyrannie et tous les crimes qu'elle enfante ont étouffé les sentimens naturels. J'en citerai pour preuves quelques exemples pris dans le règne de Safi I, successeur du grand Abbas, et fils de ce même Safi Mirza dont il a été question dans ce récit.

Le schah-Safi, après avoir donné de sa propre main la mort à une partie de sa famille, car alors, à la cour de Perse, on ne connaissait point de bourreaux en titre; le souverain exécutait souvent ses arrêts lui-même, ou en chargeait la première personne qu'il voyait; le schah, dis-je, résolut de se défaire encore des trois fils d'Isa-Khan, son oncle, et, après le meurtre, il fit servir les trois têtes sanglantes à bitieux ne fut bientôt connu que sous le titre de *Bébut l'infâme.*

---

la table du père et de la mère. Cette dernière resta d'abord interdite à cette horrible vue; mais bientôt elle se jeta aux pieds de Safi, les baisa, et lui dit : « Tout est bien ; Dieu donne au roi une vie longue et glorieuse. » Isa-Khan ajouta que loin qu'un tel spectacle lui causât du déplaisir, s'il avait pu se douter que Safi désirât la tête de ses enfans, il se serait fait un devoir de prévenir ses ordres et de les lui apporter lui-même.

Quelque temps après, schah-Safi fit mettre à mort le grand maître de sa garde, par l'un des intimes amis de cet officier, qui n'en accepta pas moins la commission. Ayant ensuite fait venir près de lui le fils de la victime, il lui demanda ce qu'il pensait de la mort de son père. « Que me parle-t-on de mon père ! s'écria ce monstre ; je ne reconnais pour père que mon souverain. Qu'il soit béni dans toutes ses actions ! » Ces gens-là aimaient donc bien la vie !

Chardin et Tavernier sont [illegible]plis de faits

On dit que ce dernier mourut peu de temps après, poignardé par le fils du malheureux joaillier qu'il avait fait périr si injustement, étant divan-beghi. Ainsi,

---

semblables, qui prouvent à quel point les mots de crimes et de vertus, changeant de valeur et de sens de règne en règne, ne s'appliquaient aux actions que d'après le caractère du souverain. L'ambitieux une fois dans la route de la honte et des honneurs, était contraint de fournir sa course entière, comme ces initiés aux mystères d'Isis, qui ne pouvaient revenir sur leurs pas. Dans ces repaires royaux, où l'humanité était traitée de crime de lèse-majesté, et la pitié de sédition, il fallait souvent vingt forfaits pour se faire absoudre d'une bonne action. Thévenot rapporte qu'un jeune akhta de Safi s'étant détourné pour ne point voir hacher en petits morceaux la tête d'un seigneur persan, le schah lui dit : « Puisque tu as la vue si délicate, elle doit t'être inutile; » et il lui fit arracher les yeux. (X.)

vérifiant la sentence du poète Ferdusi, sa faute première, mère de toutes les autres, en amena le commun châtiment.

LE PÊCHEUR D'ORMUS.

(PERSE.)

LE PÊCHEUR D'ORMUS.

Deux sortes de personnes sont insatiables; celles qui cherchent la science et celles qui courent après les richesses.

(*Mél. de litt. orient.*, t. II, p. 290.)

J'ai cherché le bonheur dans la gloire et dans l'opulence; ce sont des pierres précieuses qui ne brillent d'un vif éclat que de loin, et qu'un rien peut ternir.

(*Nabi Effendi, à son fils.*)

Bébut n'avait encore d'autre surnom que celui d'ambitieux, et s'entretenait un jour avec le roi, qui, dans un accès de familiarité, avait daigné permettre que son premier ministre s'assît à ses pieds sur un riche tapis de Siston, tandis qu'étendu lui-même sur un sofa, il achevait paisiblement sa sieste en respirant des essences parfumées, en mâchant un oignon de la Bactriane, et en souriant aux propos de son favori.

Tout à coup Kel-Anayet, le fou du grand Abbas, entre dans son appartement, bizarrement coiffé d'un delbend (1) à pointe, et vêtu d'une longue robe bleue. Il va droit à l'ambitieux ministre, s'incline profondément devant lui, les bras croisés sur la poitrine, et lui demande humblement la permission de baiser le bas de sa robe. « Tête perdue, lui dit Abbas, pourquoi adresser ton hommage à Bébut plutôt qu'à ton maître? — Je suis fou de mon métier, répond fièrement Kel-Anayet, et ne reconnais pour mon supérieur que celui qui peut se glorifier d'un degré de folie de plus que moi. — Voyez un peu l'impertinent! reprend le roi en riant; s'attaquer à mon premier ministre!...... Mais pourquoi cet accoutrement? te voilà

(1) Le delbend est le turban des Persans. Ils en portent de si gros et de si larges que quelques uns pèsent jusqu'à quinze livres.

vêtu presque en derviche (1). — Hélas! grand roi, tant de gens à votre cour usurpent mon emploi, que je prévois bien l'instant où il me faudra leur céder ma place, et j'essaie de l'habit de solitaire pour me disposer tout doucement à la retraite. — N'importe! par l'esprit des prophètes, en attendant ton remplaçant, tu es toujours le bienvenu. Mais n'as-tu point quelque conte à nous faire? Je suis aujourd'hui d'humeur à t'écouter. » Kel-Anayet fit un léger signe de tête pour témoigner son consentement, et aussitôt il alla impudemment se blottir dans un des coins du sofa royal. Abbas lui lança un regard plein de colère. « Esclave! de quel droit t'adjuger devant moi la place d'honneur (2)? — Esclave ou roi, répondit le

(1) En Perse, les derviches portent une robe bleue.

(2) Dans tout l'Orient, le coin est regardé comme la place la plus honorable.

bouffon, celui qui raconte est toujours au-dessus de celui qui écoute. » Abbas haussa les épaules. « Il faut montrer notre sagesse en lui pardonnant ses extravagances, dit-il; il est mal disposé; c'est dommage, car il a parfois du bon sens : le pauvre garçon aujourd'hui court après sa raison. — Pourquoi pas ? répliqua Kel-Anayet : celui qui cherche la sagesse peut seul être réputé sage ; celui qui croit l'avoir trouvée est un fou. — Tu le vois, Bébut, j'ai mon tour ; il ne respecte rien. Mais qu'il commence son récit, ou, sur mes yeux! il sera bientôt aussi sage que ses ancêtres. » Kel-Anayet commença ainsi :

Un jour, Dallé-Mutaléha (1), la célèbre magicienne, le front couronné d'escarboucles, s'élança des montagnes de Kaff, portée par l'oiseau Simourg, aussi rapide

(1) C'est la Circé des Orientaux.

que les vents (1). Elle se dirigeait vers Bagdad, lorsque, au-dessus des îles d'Ormus, elle rencontra dans les airs l'ange Tir-Aban (2) monté sur Borak, le coursier céleste du prophète (3). « Où vas-tu? dit la sorcière au génie des sciences. — Je

---

(1) Les poëtes persans rapportent que l'escarboucle, cette pierre imaginaire qu'ils surnomment *le flambeau de la nuit*, à cause de l'éclat lumineux qu'ils lui attribuent, se forme dans la tête d'un griffon ou d'un aigle immense. C'est sans doute celui que Saadi appelle *simourg*, et qui habite les monts Hyperboréens de Kaff.

(X.)

(2) *Tir* est l'ange des sciences, *Aban* celui des arts. Nous ignorons pour quelle raison Jonathan les réunit ici en un seul être distinct.

(X.)

(3) La troisième nuit de la mort de Mahomet, l'ange Gabriel lui amena un cheval ailé, nommé *Borak*, sur lequel il le fit monter pour le transporter au ciel.

(*Commentaires de l'Alcoran.*)

vais, répondit celui-ci, donner des consolations à un savant dans la misère. — Et moi, je vais au secours d'un riche qui succombe d'ennui sous son ignorance. Quel est le plus à plaindre des deux? — Le riche, sans doute. — Peut-être; l'opulence a ses douceurs. — Les plaisirs de l'imagination sont les plus vifs. — La richesse est entourée d'honneurs et de gais loisirs; un peuple de courtisans l'escorte : c'est pour elle que la louange fut inventée, et la louange est un doux breuvage. — Qui amène à sa suite la satiété et le dégoût. Le mortel que j'inspire est heureux, même par des songes; il possède tout ce qu'il rêve; il vit sans cesse entouré d'un monde fantastique qu'il change, qu'il brise à son gré; et quand son esprit est las d'enfanter, il appelle à son aide ses livres chéris; et quelle réunion, même de sages et d'hommes aimables, peut valoir ces précieux manuscrits qui renferment l'esprit le plus épuré des êtres les plus nobles de tous les temps! Serait-il plus heureux, si ceux qui les ont composés sortaient de dessous terre pour lui tenir compagnie? Je ne le crois pas; peu de bons auteurs valent mieux que leurs ouvrages. — Je pourrais dire beaucoup sur la richesse, sur les biens réels qu'elle procure, et montrer, ainsi que vous, les choses seulement du bon côté; mais les longues discussions m'effraient, et l'expérience est la voie la plus sûre pour arriver à la vérité. Laissons quelque temps encore, vous, votre savant avec sa misère, qu'il peut facilement supporter en rêvant l'opulence, et moi mon gros riche avec son ignorance, à laquelle il doit être habitué, et tentons une double épreuve sur un personnage à qui je fraierai le chemin de la fortune, et vous celui du savoir, à la condition de le laisser agir ensuite de lui-même, afin de faire nos observations d'après le train ordinaire de la vie humaine. — J'accepte volontiers, dit Tir-Aban, et je connais justement à Ormus l'être qu'il nous faut pour mettre à exécution ce projet. C'est un misérable pêcheur, nommé Ismaël, pauvre et ignorant, mais tellement fatigué de son sort, que nous n'aurons qu'à le guider un peu pour le voir s'élancer avec ardeur dans la double route que nous allons ouvrir devant lui. »

Ismaël était alors sur les bords du golfe Persique à raccommoder ses filets : « Quoi ! s'écriait-il avec douleur, passerai-je ma vie dans cette affreuse condition ! Ne se nourrir que de pastèques (1), de pilau ou de féves mal cuites ; n'avoir pour

---

(1) Les pastèques sont des melons d'eau. C'est la nourriture la plus commune du peuple dans la Perse. (X.)

tout vêtement qu'un misérable courdi de toile grossière, qui laisse sur ma peau l'empreinte de ses fils rudes et durs, et, pour trouver le repos, se coucher sur la terre ou sur une natte que je bénirais, si les joncs de l'Euphrate en avaient fourni la matière; mais non; la paille noueuse du maïs en forme le tissu, et n'efface l'empreinte de mon courdi que par des sillons plus profonds et plus douloureux. Et pour jouir encore de ces tristes biens, il faut, au péril de ma vie, lancer ma terrade (1) au sein des mers, pour surprendre l'esturgeon et le destpich, à la chair si délicate, dont je fournis depuis cinq ans la table des grands, sans en avoir jamais goûté moi-même. J'ignore ce que la grande plume inscrivit pour moi là-haut; mais je suis malheureux, le golfe est profond, et je pourrais bien jeter aux

(1) Barque persane.

poissons une dernière amorce sur laquelle ils ne comptent pas. »

Ce fut dans ce moment que Mutaléha et son compagnon parurent devant lui. « Ismaël, dit la sorcière au pêcheur, tes plaintes sont parvenues jusqu'à nous ; veux-tu devenir tout à coup riche et puissant? l'occasion t'en est offerte. Le fils du vieux Noserat, si connu par son opulence, vient de mourir subitement dans son lit, et cet événement n'est connu que de moi seule. Tes traits et ta voix offrent une telle conformité avec les siens, qu'il est impossible qu'on ne te prenne point pour lui. Suis-moi ; je vais te donner les instructions nécessaires, enlever le corps et le transporter bien loin de ces lieux, tandis que tu prendras sa place. » Ismaël faillit lui-même mourir de saisissement et de joie; il monta en croupe sur l'oiseau Simourg, et fut bientôt introduit dans l'appartement du défunt. Une dernière instruction restait à lui donner : le fils de Noserat était affecté d'un léger clignement d'yeux qu'il était facile, mais important de contrefaire, pour ne point éveiller de soupçons. Ismaël promit de s'observer, et sa protectrice s'étant éloignée, après lui avoir promis de venir le visiter secrètement de temps en temps, il passa la nuit à cligner de l'œil pour en prendre l'habitude et à se remémorer les conseils de Mutaléha.

Vers le matin, des esclaves s'étant présentés pour procéder à sa toilette, il se laissa faire, cligna de l'œil, et tout alla le mieux du monde. On le couvrit d'une robe superbe de zerbafe, surmontée d'un courdi de velours d'or frisé; une ceinture de laine de Termay, brodée de perles, rehaussa encore sa parure, et son front fut chargé d'un delbend magnifique, orné de turquoises et de rubis.

Le pauvre Ismaël ne se reconnaissait

plus; il était à chaque instant prêt à se confondre en excuses auprès de ses esclaves, se portait presque du respect à lui-même, clignait des yeux plus fort que jamais, tant et si bien que le maître de sa garde-robe lui demanda s'il ne se sentait pas indisposé. A ce mot, il frémit de tout son corps, et ne se rassura qu'en apercevant le chef de ses offices qui venait prendre ses ordres pour son premier repas. Il commanda qu'on lui servît de l'esturgeon et du destpich, espérant revoir peut-être une partie de sa pêche de la veille, et connaître enfin autrement qu'à la vue ses anciens adversaires du golfe. Bientôt ils furent déposés devant lui, escortés d'une multitude de fruits délicieux, tels que des dattes de Persépolis, des grenades de Yesd, des oranges d'Hircanie, des coings, des prunes de la Caramanie. entremêlés de pâtes fines, de confitures sèches et liquides, et de tranches de citron, de poudre d'herbes aromatiques pour réveiller l'appétit. Ismaël ne concevait pas qu'on eût besoin de recourir à de semblables moyens; il mangea de tout, se donna une indigestion, la première de sa vie, et se regarda comme le plus heureux des hommes.

Le harem de son prédécesseur reçut ensuite sa visite. Les jeunes beautés de Géorgie et de Circassie firent une telle impression sur lui, que, dans son extase, il en oublia son fatal clignement d'yeux; les félicitations qu'il reçut à ce sujet le glacèrent d'épouvante, et la crainte de retomber dans une semblable distraction préoccupa si fortement son esprit, qu'il y songea beaucoup plus qu'aux tendres caresses dont il se montra l'insensible objet.

Le vieux Noserat vit le remplaçant de son fils, et ne se douta de rien. Quinze jours s'écoulèrent pour Ismaël au milieu des jouissances les plus vives du luxe et de l'opulence, pendant lesquels cependant son infirmité d'emprunt le mit parfois à de rudes épreuves. Au bout de ce temps, le vieillard entreprit un voyage pour se rendre à la cour, et laissa son prétendu fils maître absolu dans son palais. Ce fut alors que celui-ci étonna tout le royaume d'Ormus par le faste de ses équipages et la magnificence de ses fêtes.

Dans des salons resplendissans d'or, de jaspe et de porphyre, dont les murs, revêtus du marbre transparent de Tauris, étaient incrustés intérieurement de carreaux d'émail, et revêtus de riches tentures de soie, de velours broché d'argent, et des plus belles étoffes de Kerman, il fit venir une foule de baladins, couverts de clinquans et de brocarts, de jeunes danseuses, vives, légères, charmantes, dont la longue chevelure en tresse était terminée par des bouquets de pierreries.

et qui exécutèrent, devant lui et quelques amis, les divertissemens les plus variés, tour à tour nobles ou burlesques, sévères ou voluptueux. On servit ensuite dans de la vaisselle d'or tout ce que le doux climat de la Perse produit de plus délicat en fruits, en poissons, en gibier. Le buffet, qui s'élevait en pyramide, était couronné par un grand nombre de flacons en cristal de Venise, à pointes de diamans, où brillaient les vives couleurs des vins de Schiras et de Géorgie. Des bougies de senteur, reflétant sur leurs facettes prismatiques de nombreuses clartés, en faisaient jaillir encore des étincelles empourprées, tandis que leurs parfums de cannelle et de girofle allaient se confondre avec les parfums délicieux qui s'échappaient des cassolettes de vermeil suspendues au plafond.

Alors une troupe de musiciens....

« Fais-nous grâce de tes descriptions,

dit Abbas, en interrompant Kel-Anayet: nous connaissons tout cela mieux que toi. Tu n'as dans ce moment que la peine de décrire la dernière fête que j'ai donnée. — Pourquoi ne le ferais-je pas? répondit le conteur : la mémoire est le soutien du génie. Tandis que je parle sous l'influence du souvenir, l'esprit inventif se repose, et les coursiers de la narration reprennent de nouvelles forces, pour entraîner avec plus de rapidité que jamais le char de l'imagination. — Achève l'histoire de ton pêcheur : je ne t'interromprai plus: j'aime mieux encore tes descriptions que tes explications. » Et Kel-Anayet poursuivit :

Alors une troupe de musiciens, portant des hautbois, des flûtes, des tambouras (1), entra dans la salle du festin en

---

(1) Le *tamboura* est une espèce de luth, dont les cordes sont appuyées sur une calebasse.

faisant retentir les airs des plus doux accords. Ismaël fit distribuer aux convives des coupes d'or d'un travail inestimable, et après qu'ils s'y furent tous enivrés de vin, de bang et d'afioun (1), il leur en

---

(1) La liqueur nommée *bang* ou *pueng*, ou *poust*, est, selon Chardin (T. IV, p. 207), une infusion de graines de pavots, de chenevis et de noix vomiques. Selon d'autres, c'est un suc tiré de la jusquiame mélangé avec de l'opium. Quoi qu'il en soit, l'abus de cette dangereuse liqueur, dont Jonathan a déjà parlé dans l'histoire indienne de Tam-Garaï, jette dans la démence et amène les résultats les plus funestes. Les Indiens s'en servent contre des criminels d'État ou des prétendans à la couronne, et, trop humains pour leur ôter la vie comme en agissent les Turcs, ou les priver de la vue selon la coutume des Persans, ils préfèrent leur ravir l'usage de la raison, ce qui chez eux suffit pour être déclaré inhabile à régner.

Afioun est le véritable nom de l'opium liquide. (X.)

fit présent à chacun, et la fête se termina par un mascaré (1) général.

Tout le monde s'était beaucoup diverti à la fête donnée par Ismaël; seul, il y avait pris très peu de part; occupé qu'il était d'activer ou de modérer les mouvemens convulsifs de sa paupière. Dallé-Mutaléha vint le visiter pendant la nuit; il ne se plaignit point encore de son sort; mais il trouvait pénible d'être assujetti à cette condition gênante du clignement d'yeux. Elle lui conseilla la patience, et promit de le revenir voir bientôt.

Les jours s'écoulèrent et le retrouvèrent souvent dans les mêmes plaisirs et les mêmes ennuis. Le vieux Nozerat, de retour de son voyage, alla le surprendre un matin au milieu d'une grande partie de pêche qu'il faisait sur le lac de To-

(1) Dont nous avons fait le mot *mascarade*.

(X.)

ranka; il parut étonné de l'adresse de son fils pour cet exercice, et lui reprocha doucement d'avoir donné tant de soins à un art qui ne pouvait lui faire aucun honneur. Ismaël défendit son ancien métier avec une telle chaleur, que, pendant son emportement, ses deux yeux restèrent fixes et immobiles; il crut voir aussitôt mille glaives tournés vers lui pour le punir de son usurpation, et fut saisi d'un tel effroi qu'il en devint couleur de pourpre, balbutia et se tut. Noserat prit son trouble et son silence pour de la soumission, et en profita pour lui faire sentir, en bon père, qu'il était plus honorable de s'entourer de sages et de savans, de se livrer aux nobles occupations de l'étude, que de faire continuellement sa société de jeunes débauchés, de baladins, de danseurs, et de n'acquérir d'autres sciences que celles de la table ou de la pêche.

Notre pêcheur écouta le vieillard avec attention et se promit bien de profiter de ses avis. Il y trouvait un double avantage. La science est une plante qui se cultive facilement dans la solitude ; là, il ne craindrait plus ces regards esclaves qui l'environnaient sans cesse, et qu'il croyait être autant d'espions chargés d'inspecter le mouvement de ses yeux. De plus, il pouvait, sans compromettre sa sûreté, fréquenter des savans sans cesse plongés dans leurs méditations, des astrologues dont la vue est toujours tournée vers le ciël ou fixée sur un takuim. (1)

Cette idée lui rendit presque le repos ; il la mit à exécution, et bientôt cet Ismaël, qui soupirait si fort après les biens de ce monde, ne rêva plus qu'aux richesses de l'esprit, aux trésors de la science.

Retiré un soir dans ses appartemens,

(1) Almanach persan.

il ouvrit au hasard un manuscrit et tomba sur ces mots : *Autant vous monterez d'échelons sur l'échelle de la fortune, autant il vous en faudra descendre. L'échelle de la science a son appui dans le ciel, et le temps qui fait crouler les palais de l'opulence sur leurs propres possesseurs, ne fait qu'ajouter à la gloire du savant.* « C'est un avis qui me vient du prophète! s'écria Ismaël. Que m'importent des biens fragiles, des vases brillans qui se brisent sous nos mains, des parfums qui s'évaporent, des vins qui enivrent, des mets succulens qui donnent des indigestions! Et je l'ai trop éprouvé! La vie du riche est une ivresse continuelle; le plaisir passe, le mal de tête demeure. Et toujours trembler! toujours cligner de l'œil! Non, ce n'est point là vivre! Mais s'abreuver des eaux de la science! entendre son nom répété de bouche en bouche! jeter à l'admiration de la postérité des ouvrages durables et vénérés, oui, c'est là le bonheur. Mostrazem ose insulter au savant Coja-Nessir, et l'insensé calife est renversé du trône de Bagdad. Sage Alfarabi, fécond Avicenne, Saadi, rossignol de l'Iran, Cheket, aigle du génie, gracieux Hafiz, sublime Attar, ah! pour que le nom d'Ismaël passât comme le vôtre, tout lumineux à la postérité, je donnerais la moitié de ma vie! »

« J'accepte le marché, » dit aussitôt Tir-Aban qui entra suivi de Mutaléha. Ismaël resta stupéfait. « Quoi! ajouta l'Égyptienne, mes bienfaits ne t'ont pas suffi? — Hélas! cette fatale condition, cette gêne insupportable.... — Eh! malheureux, quiconque veut sortir de l'état où le destin l'a placé, pour arriver à la fortune et aux honneurs, y parvient-il sans endurer de plus cruelles contraintes et de plus longs ennuis que les tiens?

Mais ce que tu as éprouvé, bien d'autres l'éprouvèrent avant toi : la moindre gêne empoisonne le bonheur le plus parfait : une perle qui se dérange dans la parure d'une femme, lui fait oublier l'éclat des diamans dont elle est chargée. Je te confie aujourd'hui aux soins de mon compagnon, seul capable d'exaucer tes nouveaux désirs ; je t'arrache, dès ce moment, à des richesses importunes ; le corps du fils de Noserat, conservé par moi, va reprendre sa place, et le deüil de cette maison n'aura été retardé que de quelques mois. »

« Il s'agit de faire de toi un savant, dit alors Tir-Aban. De moi ! répéta Ismaël avec confusion ; de moi, naguère encore misérable pêcheur ! Je conçois que d'un homme pauvre on fasse tout à coup un homme riche.... mais d'un ignorant !...— La pierre brute de Badakam devient rubis lorsque les rayons du soleil l'ont purifiée, répondit l'ange : suis-moi ; la science n'habite point sous les lambris dorés ; il est temps de te choisir un autre asile. » Ismaël monta sur Borak avec lui, et bientôt le palais de Noserat, le golfe Persique et le royaume d'Ormus disparurent à leurs yeux.

Transporté avec la rapidité de l'aigle dans l'Irak-Adjémy, Ismaël trouva près de la ville de Téhéran (1), sur les bords d'un ruisseau, une petite habitation simple, mais commode, sans luxe, mais non pas sans élégance. « Elle t'appartient, lui dit Tir-Aban. Tu y trouveras pour meubles les plus précieux, des livres, des instrumens de mathématiques et d'astronomie. L'encens et la myrrhe n'y brûleront pas pour toi dans des cassolettes d'or, mais le térébinthe et l'elcaya t'y prêteront leur ombrage et leurs doux parfums. Maintenant, reçois de moi le don des

(1) Aujourd'hui capitale de Perse.

langues; elles sont les avenues du temple de la science; mais avant tout, si tu veux éclairer ta raison, apprends à douter. Le doute est la porte du savoir; qui ne doute de rien, n'examine rien; qui n'examine rien ne découvre rien; qui ne découvre rien peut être un bon écolier, jamais un vrai savant. »

L'ange alors le toucha de la main, lui rappela que c'était aux dépens d'une moitié de sa vie que son nom devait être immortel, et s'élança sur son coursier céleste.

En quelques années, Ismaël se rendit célèbre par ses vastes connaissances; les plus fameux docteurs de la Perse s'avouèrent vaincus par lui. Ses ouvrages en médecine, en astronomie, en théologie, en mathématiques, en histoire naturelle, en poésie, etc., se multiplièrent avec une si grande rapidité, et furent accueillis avec tant de faveur, que le peuple ne tarda pas à le croire possesseur des soixante-douze sciences nécessaires pour être proclamé Mouktehed (1), et lui décerna ce beau titre, en y ajoutant le surnom de *troisième maître,* Aristote et Alfarabi ayant de tout temps été considérés comme les deux premiers.

Le prodige scientifique de l'Irak ne doutait donc plus de son immortalité future et en jouissait d'avance avec délices. Les princes le recherchaient et répétaient ses paroles, comme on répète celles des imans ou des prophètes; le peuple se jetait partout sur son passage, pour obtenir un regard de lui, ou toucher le bas

(1) Les grands savans en Perse sont nommés *Mouktehed.* Ce mot désigne un homme qui possède toutes les sciences dans la perfection. Le peuple seul est le dispensateur de cette noble récompense qui ne s'accorde ordinairement que deux ou trois fois dans l'espace d'un siècle.

(X.)

de sa robe, et les plus grands savans de l'Asie traversaient les mers pour le venir consulter.

Cependant au milieu de ces louanges universelles, l'envie veillait et épiait l'instant de se faire jour. Il arriva bientôt. Une admiration prolongée est un fardeau pour la multitude; elle accueillit avec avidité les bruits les plus contradictoires qui circulèrent sur le docte Ismaël. On l'accusait de n'être point seul l'auteur de ses ouvrages, de les avoir trouvés dans de vieux manuscrits inconnus. Plusieurs questions sentaient l'hérésie; il croyait à l'éternité de la matière et fut accusé d'athéisme, bien que chacun de ses livres commençât par un hommage à Dieu et à son prophète.

Cette injustice révolta le savant, son cœur en fut navré; dans le dépit que lui causèrent les âpres critiques dont il fut l'objet, il eût voulu pouvoir éteindre les brillantes clartés qu'il avait propagées parmi ce peuple ingrat. Presque découragé, il se retira sur les bords de son ruisseau, et laissa à la postérité le soin de venger son injure.

Une jeune fille de Téhéran, qui n'avait jamais lu ses ouvrages, et qui avait cependant été assez généreuse pour n'en point dire de mal, plut à notre philosophe, qui l'épousa. Il en eut des enfans, et son bonheur s'augmenta avec sa famille. Retiré, vivant sans bruit et sans faste, il ne se livrait plus à l'étude que pour orner son ame et charmer ses loisirs; ses enfans grandissaient; il devint leur guide dans les sciences; cultivant à la fois ses livres et son jardin, faisant tourner le savoir au profit de la vertu, il s'étonnait de se sentir plus heureux qu'aux festins d'Ormus, à la cour des rois, au milieu des louanges populaires.

Un jour, il fut tout à coup saisi d'une

espèce de défaillance. Sa femme et ses enfans en alarmes accoururent vers lui, à l'exception de son fils aîné, qui était alors à la ville. Ils l'entouraient des plus tendres soins, lorsqu'Ismaël s'aperçut que la terrasse de sa maison était illuminée spontanément (1), et que les passans murmuraient au dehors des prières pour un agonisant. Au même instant parurent Tir-Aban et Mutaléha. Cette dernière tenait à la main une fleur de gulbad-samour (2), plante fatale qui a le don de

---

(1) Lorsqu'un Persan touche aux derniers instans de sa vie, on place des flambeaux sur la terrasse extérieure de son habitation, pour avertir les passans de prier pour lui. (X.)

(2) *Gulbad-samour*, c'est-à-dire *fleur qui empoisonne le vent*, les Arabes l'appellent *churk*, et Thomas Moore, dans son poëme de *Lalla Roukh*, la désigne sous le nom de *Kerzereth*. (X.)

rendre empoisonné le souffle qui passe sur elle.

« Ismaël, dit la sorcière, tu as fait à la gloire le sacrifice de la moitié de ta vie : ton immortalité commence, et ta dernière heure en ce monde est arrivée. » Alors aux quatre coins de la couche d'Ismaël se montrèrent quatre hôtes funèbres : c'étaient Monkir, Nékir, Mordad et Esraïl, les anges de la mort. « Divin prophète ! s'écria le philosophe, mourir ! mourir ! lorsque l'existence était si douce ! Ma femme, mes enfans, il faut donc vous faire d'éternels adieux ! Hélas ! l'éclat de mon nom puisse-t-il vous consoler de ma perte ! Arrête ! » cria-t-il au même instant à Mutaléha, qui lui présentait le gulbad-samour ; « un de mes enfans est absent ; ne puis-je le voir avant que de mourir ? Demain....—Tout retard est impossible, dit Tir-Aban, à moins que tu ne renonces aux honneurs futurs de la postérité. Encore ne pourras-tu prolonger ta vie que de trois jours seulement. — Trois jours! dit le mourant, et sacrifier le grand nom qui doit me survivre! Trois jours seulement!.... Mettre dans la balance trois jours et des siècles de gloire! mais je veux revoir mon fils! Génie cruel de la science, tu m'as trompé comme celui de la fortune; reprends tes dons; que je meure ignoré, mais que trois jours me restent encore pour les passer au sein de ma famille, et presser mon fils absent sur mon cœur.

« La noblesse de ce sentiment désarme notre rigueur, dit Tir-Aban. Ismaël, poursuis tranquillement ta carrière au sein de l'étude et de la nature; tu sacrifias la fortune à une faible gêne, tu sacrifies la gloire à trois jours d'existence; vis aujourd'hui pour ta famille et pour le bonheur, et ne songe plus à obtenir dans les âges futurs un triomphe illusoire, puisque le triomphateur est le seul qui n'y peut assister. »

« Eh bien ! dit l'Égyptienne, qui de nous deux a été vaincu dans l'épreuve ? — L'un et l'autre, ni l'un ni l'autre, répondit Tir-Aban. La science et la fortune sont bonnes à qui sait en faire un noble usage : mais l'excès gâte tout ; les passions basses de l'homme se jettent au milieu de ses prospérités pour les empoisonner. Il ne voit dans l'opulence que les moyens de satisfaire à ses caprices et à son avidité de jouir, et non de donner l'essor à ses penchans généreux ; il ne voit dans la science qu'un tréteau pour la vanité. L'exemple du pêcheur d'Ormus doit nous apprendre à nous-mêmes que ce qui est au-dessus des richesses et de la gloire.... — C'est le repos, dit Mutaléha. — Et la vertu, » dit l'ange.

Ici, Kel-Anayet, véritable sage sous

l'enveloppe d'un fou, termina son récit. Abbas, assoupi depuis quelque temps, sembla se réveiller en sursaut en cessant de l'entendre parler, ainsi qu'un meunier lorsque son moulin s'arrête tout à coup. « Eh bien! garçon, dit-il, il me semble que ton conte était d'une moralité suffoquante. — Il oublie son métier, ajouta Bébut. — Non pas, repartit notre prétendu bouffon : jeter de bons grains sur une terre ingrate, donner de bons conseils à des sourds et des leçons de sagesse à des ambitieux, n'est-ce pas faire l'action d'un fou? » Bébut frémit de colère, et regarda Abbas, qui, pour sauver le châtiment au moraliste, feignit de se rendormir.

LE MÉTAPHYSICIEN.

(FRANCE.)

LE MÉTAPHYSICIEN.

Souvenez-vous, ô mon fils! que la nature est couverte d'un voile d'airain; que les efforts réunis de tous les hommes et de tous les siècles ne pourraient soulever l'extrémité de cette enveloppe, et que la science du philosophe consiste à discerner le point où commencent les mystères; sa sagesse à le respecter.

(BARTHÉLEMY, *Voy. du jeune Anach.*)

Callimaque, en Platon, dict l'extrémité de la philosophie estre dommageable, et conseille de ne s'y enfoncer outre les bornes du proufit.

(MONTAIGNE, *Essais*, liv. I, ch. XXXIX.)

C'ÉTAIT sur la fin du siècle de Louis XIV; le pouvoir, dans ses actes, semblait alors ne s'appuyer que sur la religion; aussi, la théologie et la métaphysique devinrent bientôt les arsenaux inépuisables où chacun chercha des armes pour le combattre ou le défendre. La loi de l'Église étant devenue celle de l'État, un grand nombre de gens, qui jusqu'alors avaient professé leur culte sans penser à l'approfondir, étaient devenus sceptiques en fait de religion, par des motifs de politique; car prouver les erremens des prêtres catholiques romains, c'était, selon eux, attaquer les actes de l'autorité par leur base et les convaincre d'injustice et de tyrannie.

Mais si les dogmes divins, révélés par la parole de Socrate, soutenus par la plume de Platon, cimentés par le sang de Jésus-Christ, altérés, étouffés, détournés de leur véritable sens par les Letellier et les Lachaise, servaient de texte à l'erreur et à la persécution, les adversaires des jésuites ne savaient guère plus qu'eux se défendre d'excès coupables, et l'intolérance religieuse n'avait servi qu'à propager l'athéisme.

J'habitais alors Paris; l'été poursuivait

son cours ; le soleil, au milieu de sa carrière, projetant ses rayons lumineux sur les ondes du fleuve, sur le faîte des arbres, sur les dômes des palais, leur donnait un éclat vivifiant dont ma vue était enivrée. Seul et livré à mes méditations dans une riche avenue des Champs-Élysées, je songeais à la puissance du Créateur, aux innombrables raisons que l'homme avait pour le glorifier, lorsque tout à coup je me sentis accosté familièrement par un métaphysicien de mes amis. Tous ses mouvemens semblaient mus par une satisfaction qu'il ne pouvait contenir : son œil étincelait de joie, et dès que j'eus tourné les yeux vers lui, entamant brusquement la conversation, comme un homme qui, possédé de l'impatience de donner une bonne nouvelle, n'a pas de temps à perdre dans de vaines civilités : « Mon ami, me dit-il, félicitez-moi ; je viens de m'occuper d'un travail fort intéressant sur l'*ame*, et je puis prouver maintenant que ce qu'on appelle ainsi n'est qu'un mot, un mot vide de sens, et qu'enfin ni vous ni moi n'avons jamais eu d'ame. — Un instant, lui dis-je en reculant de trois pas ; un mot vide de sens est celui que vous venez de proférer ; permis à vous de vous ravaler au rang des bêtes, permis à moi de refuser un tel honneur ! »

« Calmez-vous, me dit-il ; je savais d'avance que vous ne vous rendriez pas sans preuves ; mais, Dieu en soit loué ! je puis les fournir. Raisonnons de sang-froid : je prétends combattre l'existence idéale de l'ame, non par de vaines déclamations, trop communes aujourd'hui, mais par des argumens victorieux, puisés dans les contradictions perpétuelles des philosophes et même des saints qui ont abordé ce sujet. Or, comme le dit Quintilien, quand les gens d'un esprit droit et reconnus pour tels, ne peuvent, après des siècles entiers d'une discussion impartiale, s'accorder sur une cause et sur un effet, niez hardiment l'existence de l'un ou de l'autre. C'est ainsi que les mille versions sur les larves, sur les mânes, sur les fantômes, ont enfin provoqué la négation des sages, laquelle négation est seule la vérité. Je pars donc de ce principe, et me hâte de poser ma première question : qu'est-ce que l'ame ? Une nature toujours en mouvement, répond Thalès; un nombre qui se meut par lui-même, dit Pythagore; c'est un air subtil, réplique Plutarque; c'est plutôt un feu très actif, ajoute Aristote. Vous vous trompez, reprend Hipponius, c'est une eau très légère; vous voulez dire un composé de terre et d'eau, dit Anaximandre. Silence! vous avez tous raison, s'écrie Empédocle, c'est un mélange de tous les élémens. Là-dessus mille voix s'élèvent ensemble : c'est un être simple (1). — Non ! il est composé (2). — C'est un feu céleste (3). — C'est une harmonie (4). — Un amas d'atomes subtils et déliés (5). — Une parcelle de la Divinité (6). — Un combat des sens (7). — Mais du moins où est son siége? Hippocrate le place au ventricule du cerveau ; Épicure, dans l'estomac ; Érasistrate lui fait servir d'enveloppe à la tête; tandis que Straton se contente de la placer entre les deux sourcils. Elle est dans le sang, disent à la fois Critias et Moïse ; oui, dans le cœur, ajoute Empédocle ; dites donc dans le dia-

(1) Démocrite.
(2) Aristote.
(3) Zénon.
(4) Aristoxène.
(5) Lucrèce.
(6) Platon.
(7) Asclépiade.

phragme, reprend vivement Plutarque; fi donc! dans la glande pinéale, répond Descartes. L'ame doit-elle finir, comme le pense Lucrèce? Les juifs, qui croyaient en Dieu, ne croyaient pas à l'immortalité de l'ame; les Chiriguanes et les peuples des îles Mariannes croient, au contraire, à l'immortalité de l'ame, et non à l'existence de Dieu. Est-elle matérielle, comme le soutiennent Tertullien, Averroès, Caldérien, Politien, Pomponace, Bembe, Cardan, Césalpin, Taurell, Viviani, Hobbes, etc.; ou immatérielle, comme le croient le plus grand nombre des pères de l'Église, Malebranche et tout le cartésianisme? Saint Jérôme, saint Augustin, saint Grégoire, pris pour juges dans le procès, se déclarent incompétens, et, à l'instar de l'aréopage, renvoient les parties à cent ans. Moins timide qu'eux, je ne chercherai pas s'il faut, comme les anciens, distinguer l'ame de l'esprit *anima* et *mens* ; mais, d'après tant de contradictions évidentes, de doutes si prolongés, j'invoque le principe de Quintilien, j'applique ma négation, et déclare hautement que l'ame est un rêve de nos bons aïeux, qu'il faut reléguer avec la pierre philosophale et les histoires de revenans. J'espère que voilà de quoi mettre d'accord les jésuites et les calvinistes ! »

En parlant ainsi, nous nous étions éloignés des vertes allées sous lesquelles mon métaphysicien m'avait trouvé méditant, et la Seine alors coulait à nos pieds, dans un endroit découvert et exposé à toutes les ardeurs du soleil. « Mon ami, dis-je au grand exterminateur des ames, en le saisissant fortement par le bras, et le contraignant de rester immobile devant moi, pour me garantir des influences trop immédiates de cet astre : j'approuve fort votre manière de raisonner; en frappant ainsi de néant tout sujet contesté, vous aplanissez tant de difficultés que vous m'avez presque convaincu, et vous et Quintilien vous êtes deux grands hommes.» — Je ne dis pas non, répondit-il; mais permettez que je prenne une position un peu plus commode pour recevoir vos complimens; sur mon ame, je suis accablé par le soleil. — Comment, le soleil? vous, l'ennemi des préjugés, vous n'auriez osé vous affranchir de celui-là? vous croyez au soleil? — Le soleil un préjugé! force m'est d'y croire, corbleu! car il me brûle! — Raisonnons de sang-froid, lui dis-je, en le fixant encore avec plus de fermeté dans sa position première. J'avais cru jusqu'ici que cette admirable harmonie de la nature, la grandeur de l'homme, la puissance de sa pensée, la merveille de la création livrée toute entière à son industrie, sa raison supérieure imposée pour frein à ses passions fougueuses, indiquaient assez la distance qui le séparait des autres animaux. Maintenant que, par la loi des contradictions, vous m'avez démontré que sa pensée n'est que matière et que son existence est sans but, permettez qu'à mon tour, par les mêmes argumens, je vous guérisse de vos erreurs relativement au soleil.

« Qu'est-ce que le soleil? Est-ce un nuage enflammé, un roc flamboyant, un feu qui s'éteint et renaît, un miroir, un cinquième élément, un composé de plusieurs feux différens, une flamme intelligente, un globe qui nous envoie les rayons de la lumière ou qui les reçoit, comme l'ont soutenu tour à tour Xénophane, Métrodore, Démocrite, Philolaüs, Aristote, Platon, Antisthènes, Newton et Pythagore? Héraclite lui donne un pied de diamètre, Anaxagore l'étendue du Péloponèse, Anaximandre la grandeur de la terre, tandis qu'Eudore le croit neuf fois et Thalès soixante fois plus grand que la lune, que Lucrèce lui suppose le volume qu'il paraît avoir à la vue, qu'Anaximène rabaisse sa circonférence à celle d'une feuille, ou que Cassini le proclame un million de fois plus gros que la terre.—D'accord! d'accord! mais il me brûle. — Il ne peut vous brûler s'il n'existe pas, et j'ai de quoi vous en convaincre sophistiquement. J'achève donc! Xénophane veut que chaque zône ait son soleil particulier; Empédocle en admet deux comme saint Thomas admettait deux ames, ce que vous avez omis de dire, et ce qui rendait vos argumens encore plus irrésistibles; enfin les autres physiciens n'en reconnaissent qu'un seul; ainsi partout contradiction sur contradiction; j'invoque donc le principe de Quintilien et le vôtre, j'applique ma négation, et déclare hautement que l'existence du soleil est un rêve de nos bons aïeux.—Croyez tout ce que vous voudrez, s'écria mon métaphysicien, en se dégageant de sa place brûlante, mais votre négation m'a endommagé toutes les membranes du cerveau. — Allez vous reposer, lui dis-je, et tout métaphysicien que vous êtes, tâchez de comprendre que l'ame immortelle est pour le monde moral ce que le soleil est pour le monde physique : homme, et roi de la création, ne placez point votre orgueil à fouler aux pieds votre couronne et à renier votre immortalité. »

L'ERMITE

DU LAC MAJEUR.

(ITALIE.)

L'ERMITE

DU LAC MAJEUR.

> Combien il faut que la vertu soit grande pour pouvoir la mettre à l'abri des événemens !
>
> (NICOLLE, *Essais de morale.*)
>
> *O quantum caliginis mentibus humanis objicit magna felicitas!*
>
> (SÉNÈQUE.)

GALÉAS III, de l'illustre famille des Visconti, après des services brillans, rendus à l'empereur Venceslas, venait d'être créé par lui duc de Milan. Rentré victorieux dans ses états, il se délassait des fatigues de la guerre au milieu des plaisirs d'une cour fastueuse. Les danses, les concerts, les carrousels se succédaient sans interruption autour de lui. Un jour il ordonna une fête nautique sur le lac Majeur, et, suivi d'un grand nombre de gondoles richement pavoisées, contenant les plus belles femmes et les premiers seigneurs du Milanais, escorté de mille barques chargées de musiciens, qui faisaient retentir les airs des plus suaves accords, il donna l'ordre à ses rameurs de se diriger vers une île, alors rocher inculte élevé au-dessus du lac, et qui depuis, sous le doux nom d'*Isola-bella*, mérita de prendre le premier rang parmi les îles Borromées.

Le prince et sa suite, débarqués sur un terrain grisâtre, composé de schiste et de substances calcaires, promenaient leurs regards attristés sur cette solitude dont toute la végétation semblait se borner à quelques mousses, à quelques lichens épars çà et là, lorsqu'ils aperçurent, sous un enfoncement, une grotte taillée dans un quartier de granit, et recouverte de ronces et de lierre. Des châtaigniers noueux et rabougris la masquaient d'un côté; de l'autre, une industrie active et opiniâtre avait détourné les ondes du lac pour entretenir un petit champ de riz. « Ce ne peut être que la demeure d'un proscrit ou d'un ermite, » dit Galéas : et, malgré ses qualités brillantes, vindicatif et dévot comme tous ceux de sa race, il s'y présenta aussitôt pour punir ou pour prier.

Un saint homme, Anselme Giramo, était depuis plusieurs années le seul habitant de ce désert. L'aspect du prince et de sa suite l'étonna sans le déconcerter : cependant apercevant bientôt les dames de la cour, il rougit et baissa les yeux. Un geste de Galéas les fit toutes s'éloigner, et l'ermite reprit sa modeste assurance. Le prince s'entretint long-temps avec lui, et fut surpris de la justesse de ses réponses et de la variété de ses connaissances. « Pourquoi, lui dit-il, vous exiler ainsi de la société à laquelle vous pourriez être utile ? — J'ai trouvé le bonheur sur ce rocher, répondit Anselme, et les pêcheurs du lac Majeur ont parfois recours à mes prières ou à mes conseils. — Mais comment faites-vous pour subsister ? — Les produits de ma pêche, les récoltes de ma rizière, les fruits de mes châtaigniers et même de mes ronces, suffisent à ma nourriture. — Mais l'ennui doit vous assaillir dans ces lieux ? — Celui qui porte un cœur pur et qui peut contempler les ondes et les cieux ne craint point l'ennui. Tous les travaux que j'entreprends ici sont des plaisirs pour moi : car ils ajoutent à mon bien-être. La rêverie et la prière me semblent une source de jouissances continuelles; je suis heureux; qu'irais-je demander au monde? »

L'ambitieux Galéas le quitta, étonné de la simplicité de ses désirs, et plein d'une haute idée de ses vertus. La bonne opinion qu'il avait d'Anselme s'accrut encore par les récits divers que les gondoliers et les pêcheurs du lac, interrogés par lui, firent de la sainteté, de la charité même du pauvre ermite. Son intercession pour eux auprès des saints ne manquait jamais de leur procurer des pêches abondantes ou de nombreux passagers. Sa bénédiction suffisait pour chasser les maladies et les pensées coupables.

Le duc ne tarda pas à le visiter de nouveau; et cette fois, il parut seul devant la grotte. Anselme profita des bonnes dispositions du prince pour lui faire entendre les plaintes du peuple, parvenues jusqu'en son désert. Il lui reprocha avec douceur son ambition toujours croissante, sa prodigalité envers ses favoris, les impôts excessifs dont ses sujets étaient surchargés, la confiance aveugle qu'il accordait à de faux sages dont les calculs astrologiques servaient de règle à sa conduite. La vérité dite à voix basse et sans témoins est toujours mieux accueillie que cette vérité hautaine, qui vous heurte de front au milieu des hommages de la multitude. Le duc sut gré à l'ermite de l'avoir cru digne de le comprendre. « Je sens que vos conseils peuvent être utiles à ma gloire et à mes sujets, lui dit-il; venez habiter auprès de moi; jusqu'à présent nos bouffons seuls et nos fous eurent le droit de faire entendre la vérité dans les cours; qu'elle se serve désormais d'un organe plus noble et plus sacré. » Anselme se révolta d'abord vivement contre l'idée d'habiter un palais. Mais Galéas réclamait son assistance avec tant d'onction, il est si doux d'arracher un grand homme à ses erreurs, de travailler au bonheur d'un peuple entier, qu'enfin, l'œil en pleurs, il fit ses adieux à sa grotte, à ses châtaigniers, à sa rizière, et partit pour Milan avec le duc.

D'après les remontrances du sage ermite, le prince éloigna de sa personne cette foule de faux astrologues, de baladins, de bouffons, et ces nains grotesques et difformes, si communs alors dans le Milanais, troupe menteuse et parasite, qui dans ce temps était regardée comme objet de luxe dans les cours souveraines de l'Italie.

Chaque jour, Galéas visitait Anselme dans le modeste appartement qu'il s'était choisi; il lui confiait avec joie son espoir et ses projets, soumettait tout son avenir à la censure rigoureuse du saint homme, et le quittait fier et content de lui-même; cependant la sévère franchise de l'ermite ne ménageait aucun de ses défauts.

Ce fut alors que se forma contre le Milanais cette ligue formidable entre les républiques de Venise et de Florence, que le génie et l'adresse de Galéas parvinrent seuls à comprimer. Le duc ne partit pour combattre ses ennemis qu'après avoir reçu les bénédictions d'Anselme, et ordonné que tout le monde, dans le palais, respectât les volontés de son sage favori.

En peu de mois, il surprit Pérouse, s'empara de Pise, de Sienne et de Bologne; conclut cette trève de dix ans qui consolida pour jamais sa vaste puissance; et revint dans sa capitale où il fut accueilli par les félicitations de sa noblesse, de son peuple, et même d'Anselme Giramo, qui, placé sur son passage, lui adressa un superbe discours en latin dont le texte était puisé dans ces paroles de saint Luc : *Cùm rediisset Jesus, excepit illum turba : erant enim omnes expectantes eum.*

Le prince reçut les éloges d'Anselme avec plus d'étonnement encore que de plaisir, mais s'applaudit cependant d'avoir mérité de désarmer sa rigidité ordinaire. Le lendemain, il se proposait de reprendre ses anciennes habitudes et d'aller rendre à son ermite sa visite accoutumée, lorsque celui-ci parut tout à coup dans la salle où siégeait le duc, fendit la presse des courtisans, et se courba devant Galéas en s'écriant avec Jérémie : *Constitui te super gentes et super regna, ut evellas, et destruas, et ædifices!* « Saint Luc et Jérémie sont des flatteurs, lui répondit le prince en souriant; et c'est Anselme seul que je veux entendre aujourd'hui. » Tout le monde se retira.

La conscience du vainqueur de Florence et de Venise était inquiétée par plusieurs actes que l'équité semblait réprouver, par des ruses que le droit de la guerre pouvait à peine autoriser : pour soulager son ame, il confia ses terreurs et ses incertitudes à son censeur ordinaire. L'ermite le rassura, calma ses craintes et dit : *Domus Israël, et domus Juda....* « Il s'agit de Florence et de Venise, s'écria le duc; laissons un instant de côté Israël et Juda, Jérémie et saint Luc! » Anselme, après avoir entièrement prouvé à Galeas que ses succès étaient légitimes et sa gloire intacte, ajouta : « Il ne vous reste plus aujourd'hui, grand prince, pour convaincre l'Europe entière que votre affection paternelle s'étend indistinctement sur tous vos sujets, qu'à récompenser dignement ceux d'entre eux qui, pendant votre absence, ont maintenu le calme et la prospérité dans vos états ; ma franchise et mon amour pour vous me font un devoir d'éclairer votre munificence en lui recommandant surtout le gouverneur du palais, le grand trésorier, le grand échanson dont le zèle et l'activité m'ont semblé mériter les plus honorables distinctions. — J'y songerai, » dit le prince. Resté seul : « Voilà donc mon ermite qui protége et qui flatte ! » pensa-t-il ; mais alors un autre objet assez important vint le distraire de ces réflexions. L'archevêque de Milan était mort depuis peu ;

la cathédrale de cette ville, alors le plus magnifique temple de la chrétienté et qui venait d'être achevé d'après les dessins du Bramante, attendait qu'une main, ornée de l'anneau archi épiscopal, vînt bénir ses nouveaux autels et procéder à sa dédicace. Galéas résolut de consulter Anselme sur le choix à faire, et il se rendit aussitôt vers l'endroit qu'il habitait. Quelle fut sa surprise, en voyant les appartemens de l'ermite décorés avec un goût, une élégance difficiles à concevoir; et ses antichambres obstruées par une foule de parasites et de solliciteurs! La salle qu'il occupait était remplie des principaux officiers du prince, des artistes les plus distingués de Milan, qui tous, d'un air humble et caressant, entouraient d'hommages et d'adulations le dévot personnage, nonchalamment étendu dans un riche fauteuil. Galéas comprima son étonnement; à sa vue, chacun se rangea avec respect, et le duc s'adressant à Anselme : « Je croyais vous trouver seul, lui dit-il, et venais vous consulter sur le choix qui nous reste à faire pour remplacer dignement l'archevêque défunt ; mais puisque je vois ici mes conseillers ordinaires, ils nous aideront de leurs avis. » Le gouverneur du palais, le grand trésorier, le grand échanson s'approchèrent alors du prince : « Un seul homme, dirent-ils, désigné généralement par la vénération du peuple, appuyé par la cour de Rome, et surtout par ses hautes vertus, semble appelé à remplir cette place éminente. » Anselme baissa le front d'un air de modestie, « J'entends, » dit Galéas ; et il reprit à voix haute : « Anselme Giramo, j'avais cru trouver en vous un ami véridique, et je ne me suis donné qu'un flatteur de plus ; l'homme pauvre et vertueux n'est aujourd'hui qu'un prélat protecteur et intrigant ; quelques mois de séjour en ces lieux ont suffi pour vous enlever vos vertus, peut-être votre bonheur; j'aurais dû le prévoir : un ermite de cour est bientôt un courtisan. Regagnez votre rocher du lac Majeur; mes bienfaits vous y suivront, puisque seul je suis la cause de votre chute. Mais aujourd'hui j'ai besoin pour m'éclairer d'un homme dont les yeux ne soient pas éblouis par un éclat mondain; vous qui citez si bien saint Luc et Jérémie, rappelez-vous ces paroles : *Un aveugle peut-il guider un autre aveugle* (1)? ou celles-ci : *Malheur à celui qui use de la sainte mission dont Dieu l'a chargé, pour servir son ambition et son intérêt!* » (2)

« Que votre volonté soit faite; mais un bon conseil me reste cependant à vous donner, dit alors Anselme d'un air

(1) Évang. selon saint Luc, chap. 6, v. 39.

(2) Jérémie, chap. XLVIII, v. 10.

contrit et repentant ; seigneur, si jamais l'envie vous reprend d'avoir un ermite auprès de vous, pour sa sûreté et pour la vôtre, au nom du ciel, changez-en tous les mois.... »

LES JUMEAUX.

(ANGLETERRE.)

LES JUMEAUX.

Beware of politics,
It is the rock 'gainst which are split
The tenderest affections of the heart.
STONE.

Two in one, and one in two.
SHAKESPEAR.

DANS une des petites bourgades du Devonshire, sous le règne de Jacques Ier, une femme mit au monde deux enfans jumeaux, du sexe masculin, lesquels présentaient dans leur conformation un phénomène fort singulier. Attachés l'un à l'autre au moyen d'une prolongation extérieure des ligamens intercostaux, ils étaient condamnés par la nature à passer leur vie dans une dépendance mutuelle. Les médecins du pays déclarèrent, à l'unanimité, que les pauvres innocens ne pouvaient jouir d'un mois d'existence;

et déjà même, à ce qu'assure le savant Dwisleyston, dont les écrits ne sont pas parvenus jusqu'à nous, tous les apothicaires de l'endroit se disputaient l'honneur d'en orner la devanture de leurs boutiques, dans un superbe bocal d'esprit de vin.

Cependant les jumeaux du Devonshire trompèrent les prédictions des médecins, et l'espérance de messieurs les apothicaires : ils vécurent.

Enfans, leur mère les fit puiser ensemble à la double source de la force et de la santé; adolescens, les mêmes maîtres leur prodiguèrent la nourriture du cœur et de l'esprit. Ils croissaient en âge et en savoir; et, par leurs goûts, leurs travaux, leurs plaisirs, semblaient être encore plus unis que par les liens que la nature avait imposés à leurs corps.

Lorsque le temps des passions commença pour eux, l'amour vint les mettre à l'épreuve et les trouva simples et vrais dans leurs sentimens, inébranlables dans leur confiance réciproque. La même femme les avait charmés; leur double rivalité ne fit qu'accroître leur tendresse fraternelle; car aucun d'eux ne pouvait espérer d'être heureux tout seul; l'amant favorisé eût toujours été nécessairement gêné par un tiers.

La soif même des honneurs et des richesses pouvait-elle diviser leurs cœurs? Ils devaient habiter le même palais ou la même chaumière; et l'un d'eux, possesseur d'un trône, eût été contraint d'y faire asseoir son frère auprès de lui.

Ils vivaient donc dans cette douce intimité, par cette double existence qui anime, qui embellit tout, qui supplée à tout. Leurs discussions étaient sans emportemens, leur rivalité sans haine; les passions, bourreaux éternels des autres hommes, semblaient avoir perdu leur dard et leur venin auprès d'eux; mais une idée politique vint les occuper un instant; et le bonheur de s'aimer, de s'entendre, de vivre dans un autre soi-même, tout fut détruit à jamais.

Jusque là, John et William, les héros de ce récit véridique, avaient aimé leur pays sans s'inquiéter de la façon dont on le gouvernait. Mais la politique est un monstre qui envahit tout; le côté droit ou gauche que l'on occupe, la fleur dont on respire les parfums, le vêtement dont on se pare, tout vous jette sur son terrain et sous sa dépendance, par cette espèce de droit de main-morte qu'elle exerce depuis tant de siècles. John et William donc, un certain jour, se firent apporter différentes espèces de chapeaux, désirant en choisir chacun un de forme semblable, d'après la coutume qu'ils avaient adoptée de se vêtir toujours de même manière. Le marchand leur en présenta de deux sortes, les uns à têtes rondes, et les autres en cônes renversés, appelés alors coiffures à la Jacques. John, sans autre motif que le caprice de son goût, et par le désir de suivre une mode nouvelle, choisit un chapeau à tête ronde, et pria son frère de l'imiter. Celui-ci, très faible sectateur des modes nouvelles, et tant soit peu attaché à ses vieilles idées de mœurs et de costume, désira porter un *Jacques*, comme par-devant. « L'homme raisonnable, dit-il à John, attend qu'une mode soit établie avant de l'adopter. — J'ai vu porter de semblables chapeaux, répondit John, aux plus honnêtes bourgeois de la cité, ainsi qu'à un grand nombre de baronnets. — Mon frère, les habitudes de notre corps touchent de plus près que vous ne le pensez, à celles de notre esprit : craignez de contracter, sans vous en douter, le besoin du changement. — Eh! mon frère, trève de mercuriales, et ne consultons chacun que notre goût. Je prends un de ces feutres ronds. — Ils sont fort recherchés, dit aussitôt le chapelier en présentant à John l'un des plus élégans, qu'il venait de brosser avec soin : tous les partisans du parlement n'en portent plus d'autres. — Vous voilà donc parlementaire, mon frère? — Pourquoi pas, William? le parlement est un corps respectable, et que tout véritable Anglais doit honorer. » William ne répondit rien et choisit un *Jacques*, que le marchand lui garantit être du meilleur ton et fort en usage à la cour. « Vous voilà donc homme de cour, mon frère? » dit John. Et cette petite querelle de toilette les amena insensiblement et sans qu'ils s'en doutassent, sur le sol terrible et mouvant de la politique. S'escrimant pour la première fois dans un langage étranger à chacun d'eux, leur discussion prit un ton d'aigreur et d'animosité d'autant plus grand, que sentant l'un et l'autre leur faiblesse et leur inexpérience, ils ne purent soutenir leur opinion nouvelle que par la passion et non par le raisonnement. Tous deux la tête couverte du fatal sujet de leur discorde, il était impossible qu'ils se regardassent sans trouver un motif pour remettre en avant quelques argumens plus vigoureux, oubliés dans la chaleur de l'improvisation. Ils s'argumentèrent tant et si bien, qu'à force de parler sur de semblables matières, William, sans ébranler seulement l'opinion naissante de son frère, qui l'écoutait à peine, finit par se rendre lui-même à ses propres raisons. John se prit ainsi que lui à sa propre éloquence, et, pénétré des obligations que devait lui avoir le parlement pour une aussi sublime défense de ses droits et de ses principes, il s'attacha à ce corps célèbre, comme un avocat à son client, un bienfaiteur à son obligé.

Le démon de la politique une fois

éveillé, tout l'enfer est en branle. La calomnie et la haine ne tardèrent pas à rendre visite aux deux jumeaux. Ils avaient professé jusqu'alors une religion sincère et tolérante ; le fanatisme s'empara de leur cœur. John devint ardent presbytérien, et le candélabre d'or s'alluma pour lui, comme la torche des Euménides. William se convertit spontanément au catholicisme par haine pour les wighs, qui tous professaient la religion réformée. Un prêtre romain le vint voir souvent et lui donna ses secours spirituels devant l'infortuné John, qui, bien qu'il se bouchât les oreilles et les yeux, fut contraint, par l'effet de leur conformation bizarre, d'assister, témoin indigné, à ce qu'il nommait les impiétés du Moabite !

Comme toutes les ames faibles et vulgaires, chacun d'eux se crut bientôt forcé d'adopter et de défendre les excès coupables de son parti. William, après avoir

ressailli d'horreur au récit du massacre
es Anglais protestans par les Irlandais
atholiques, finit par l'approuver haute-
ient. John, à son tour, osa donner des
ouanges à la conduite infâme des Écos-
ais, qui livrèrent aux fureurs du parle-
ient l'infortuné roi Charles Stuart.

Presque étrangers l'un à l'autre, ils
essèrent d'avoir des rapports moraux en-
emble. Leur maison devint un club ou-
ert aux deux sectes. John n'accueillit
lus que les *têtes rondes*, les wighs, les
arlementaires, les Jacobites. William fit
a société intime des catholiques et des
orys. Parfois les deux partis se trouvèrent
n présence chez eux; il en résulta des
njures; un jour même on en vint aux
oies de fait : nos jumeaux ne restèrent
oint dans l'inaction : William, frappé
ar John d'un coup violent, tomba sur le
lancher et nécessairement entraîna son
ère dans sa chute.

Saisis tous deux de la même inspiration, ils mandèrent aussitôt un chirurgien, non pour panser de légères contusions qu'ils avaient reçues en tombant, mais pour opérer, s'il était possible, une scission entre eux. Ils préféraient subir les chances d'une opération pénible et dangereuse, plutôt que d'être sans cesse face à face, côte à côte avec l'ennemi de leur foi politique et religieuse. Plusieurs praticiens très expérimentés vinrent leur rendre visite, et, après une longue consultation, déclarèrent unanimement que cette union corporelle devait être éternelle. Une artère très forte, et dont la ligature paraissait impossible, se trouvait être commune aux deux frères. Il fallait vivre, ne fût-ce que pour la haine; ils se résignèrent donc.

Cependant l'attente d'un événement inouï remplissait l'Angleterre de terreur. Un illustre prisonnier parut bientôt devant les juges de Westminster, et Cromwell triompha.

William, au désespoir, tomba dans une profonde tristesse; le monde lui devint odieux; enfin, possédé de cette maladie terrible que les insulaires d'Albion appellent *le diable bleu* ou le spleen, il résolut de mettre fin à ses jours. Mais il ne pouvait se pendre ni se noyer sans l'assentiment de son frère; il s'empoisonna.

Depuis long-temps aucune parole n'avait été échangée entre eux, lorsqu'un jour, John, après un repas auquel William seul avait participé, se sentit tourmenté de douleurs et de déchiremens d'entrailles. Son médecin presbytérien accourut et lui dit : « Une heure de relevée vient de sonner; sans doute quelque substance vénéneuse se sera trouvée parmi vos alimens, dans le repas que vous venez de faire. — Je n'ai fait aucun repas répondit John saisi d'effroi. Par ordre du parlement et en bon citoyen, j'ai jeûné au profit de l'état (1). » Les débris du dîner de William étaient encore sur la table; le médecin y jeta un coup d'œil et s'écria: « Votre frère s'est empoisonné ! cette maudite artère commune vous joue ce tour affreux en vous communiquant les effets du poison. » John regarda William, qui, pâle et repirant à peine, cherchait à retenir ses mouvemens convulsifs, afin de ne point être secouru. Il le fut cependant. L'amour de la vie peu à peu reprit ses droits sur lui ; et, après une longue maladie, les deux frères, que le malheur et la souffrance n'avaient même pu réconcilier, par ordre de leurs médecins allè-

(1) Déjà, en 1644, le parlement anglais, manquant d'argent, avait publié une ordonnance pour obliger chaque citoyen à se priver d'un repas par semaine, et à en consacrer les deniers à la cause nationale. (X.)

rent loin de Londres respirer l'air pur de la campagne, dans une petite habitation qu'ils possédaient sur les bords de la Saverne, auprès des murs de Worcester.

Jamais la nature ne nous paraît si belle, jamais l'existence ne nous offre autant de charmes que pendant les jours de la convalescence. On aime à se rejeter dans un nouvel avenir ; ce sont de nouveaux projets ; c'est une nouvelle vie que l'on recommence pour ainsi dire avec toutes les illusions de la première jeunesse ! Il n'en était pas absolument ainsi de notre wigh et de notre tory, et cependant, à l'insu l'un de l'autre, ils revoyaient le soleil avec un plaisir, un attendrissement qui peut-être eussent pu les rendre à la nature et à la vertu, lorsque des événemens imprévus faillirent les replonger dans des excès plus grands encore que tous les autres.

Pendant le sommeil de William, un

Écossais qui supposait aux deux frères les mêmes opinions politiques, pénètre dans leur appartement et apprend à John, qu'il trouve seul éveillé, que le prince de Galles, fils du roi défunt, venait d'arriver en Écosse où une armée royaliste se formait en sa faveur. John, instruit en même temps que ce retour est un vaste complot contre les têtes rondes, et que les magistrats de Worcester eux-mêmes le secondent en secret, se résout aussitôt à en prévenir le parlement. William, depuis long-temps, connaissait les espérances et les projets des torys; il découvrit bientôt les intentions de son éternel compagnon. Effrayé au dernier point de voir le salut de son parti entre de pareilles mains, ne doutant pas que son frère n'employât tous ses moyens pour anéantir leur dernier espoir, il s'arma de ce qu'on appelle de l'héroïsme dans les temps de trouble et d'anarchie, mais qui mérite le nom de crime dans les époques vulgaires ; il écrivit aux magistrats de la ville, et leur dénonça son frère.

L'étendard royal venait de se lever dans Worcester, lorsque *l'avis de trahison*, signé *William*, arriva au grand conseil. On résolut d'épouvanter les parlementaires par un exemple sévère, et l'ordre fut donné de faire fusiller à l'instant John de Devonshire. William ne s'attendait point à ce brusque dénouement ; il s'efforça de faire comprendre à l'officier chargé de l'exécution qu'il était impossible de tuer son frère sans le tuer lui-même, et qu'il était inconvenant et même impolitique de faire périr un bon tory catholique, pour se débarrasser d'un wigh presbytérien. Il parla dix minutes encore de son opinion, de ses services, de son artère, de son héroïsme ; mais l'officier avait des ordres, n'entendait rien aux explications, et de plus était pressé d'en finir.

Pris dans ses propres filets, William demanda un instant de sursis qu'il obtint avec grand'peine. Restés seuls, les deux frères se parlèrent pour la première fois depuis bien long-temps. En entendant la voix du compagnon, de l'ami de son enfance, en contemplant l'image vivante de son père, sur ce front que le plomb allait bientôt briser, William sentit toute l'étendue de son *héroïsme* et l'évidence de son péril : il pleura. John s'attendrit, tous deux se regardèrent et se tendirent la main, en signe de pardon mutuel. Ralliés par un danger commun, et connaissant tous les détours de leur maison, à la faveur d'une trappe ils gagnèrent des souterrains immenses qui les conduisirent en pleine campagne. Ils se sauvèrent enfin, évitèrent tour à tour les soldats de Charles II et ceux de Cromwell, et, revenus des passions haineuses, détestant également les partis qui corrompent le cœur, les juges qui condamnent de confiance, les officiers qui fusillent sans rien entendre aux explications, ils achevèrent leur vie comme ils l'avaient commencée, au sein de la nature et de l'amitié. La mort les frappa du même coup; tous deux se tenant embrassés, et les yeux tournés l'un vers l'autre, il s'encouragèrent mutuellement dans ce moment terrible. Dans la bourgade du Devonshire, lieu de leur naissance, j'ai vu le tombeau où ils reposent ensemble. On a gravé à l'entour une multitude de devises qu'ils avaient coutume de répéter dans leur vieillesse. J'ai retenu les suivantes :

« La vengeance n'est douce qu'en espoir.

« Les haines politiques et les haines religieuses sont sœurs.

« La superstition, la mître en tête, marche toujours à la suite des guerres civiles : elle vient bénir les poignards.

« Lorsqu'une fois la politique a passé quelque part, tout garde sa livrée et devient suspect ou sacré, emblème de révolte ou signe de ralliement. Nos femmes manifestaient leur opinion jusque dans la manière de poser leurs mouches sur le côté wigh ou tory de leur visage, c'est-à-dire droit ou gauche.

« Presque tous les hommes, dans leurs opinions politiques, consultent leurs intérêts; les femmes leurs affections.

« Admirable prévoyance de la nature, qui mit le salut du prochain dans l'amour de nous-mêmes, et le bonheur dans la vertu. »

LES CONTRADICTIONS.

(FRANCE.)

LES CONTRADICTIONS.

> Les actions humaines se contredisent de si estrange façon, qu'il semble impossible qu'elles soient parties de mesme boutique.
> (MONTAIGNE, *Essais*, *liv.* 2, *chap.* 1.)

« TOUT est contradiction dans le monde, vous dis-je; les passions, la morale, les lois, l'honneur, tout se heurte, tout se croise, et la science de la vie est de savoir, pilote habile, diriger sa barque au milieu de tant de courans contraires. Je suis marin depuis quarante ans; j'ai abordé bien des côtes, des îles, des continens, et partout j'ai vu la même chose; vous êtes jeune et semblez observateur, vous verrez à votre tour. — Mais la nature, répondit un interlocuteur, a du moins ses lois éternelles et invariables.—

Je l'ignore : je ne sais quel savant a dit, *Si l'habitude est une seconde nature, la nature pourrait bien n'être qu'une première habitude;* ce savant-là ne me semble point déraisonner. Est-il dans la nature de nous sustenter de chair semblable à la nôtre? Il y a des anthropophages, cependant. Est-il dans la nature, pour un homme, de faire labourer son champ par sa femme, de préparer, pendant ce temps, le couscous et le maïs, ou, couché tout à l'aise, de se faire soigner par elle aussitôt que la pauvre créature, debout et encore à l'ouvrage, sent les douleurs de l'enfantement? J'ai cependant vu tout cela chez mes bons amis les Caffres, qui, sauf leur vilaine manie de manger des hommes, et autres premières habitudes, sont les meilleures gens que je connaisse; car ils nous donnaient un bœuf pour un clou, et nous vendaient leurs enfans pour une pinte d'eau-de-vie.

— Ce sont là des choses choquantes, mais c'est dans l'état de civilisation que l'homme, plus sage, plus éclairé, d'après ce que j'appris de mon père, suit des lois pleines d'harmonie, qui impriment aux nations une marche franche et régulière, exempte de semblables contradictions. — C'est possible! votre père en savait plus que moi; je n'ai point été à même d'étudier la civilisation, n'ayant vécu jusqu'à présent qu'avec des Turcs, des Japonais, des Indiens, des Africains et des matelots. »

Cette conversation avait lieu vers la fin de l'année 1815, entre le jeune passager Saint-Charles, et Philippe Van-Break, capitaine de la frégate *l'Amaranthe*, alors en traversée de l'île de Ceylan aux côtes de France.

Saint-Charles était né à Ceylan, de parens français; son père, homme de mérite, ayant émigré pendant l'époque désastreuse de la révolution, était devenu, dans la suite, l'un des conseillers favoris du roi de Kandy. Espérant que son fils succéderait à ses dignités, dans la crainte de voir flotter son cœur entre le pays qui l'avait vu naître et sa patrie originaire, il ne l'entretenait que rarement de celle-ci, et l'avait fait initier dans le bouddhisme (1), religion des Cingulais. Mais, blessé à mort dans un combat contre les Anglais, qui, non contens de retenir le roi prisonnier, voulaient encore s'emparer de ses états, il fit venir son fils près de lui, l'engagea à rester toujours fidèle aux lois du plus strict honneur, lui conseilla de partir pour la France, d'y réclamer son titre de citoyen, d'y vivre selon les lois et la religion du pays, et mourut en l'embrassant.

(1) Pour le bouddhisme, voyez la note du tome 1, page 184.

Saint-Charles avait aussitôt passé un marché avec le capitaine Van-Break, ancien ami de son père, et qui faisait voile pour cette destination. Le capitaine était un des hommes les plus singuliers qu'on pût voir; tantôt généreux ou intéressé, sobre ou intempérant, ses actions étaient rarement d'accord avec ses principes. Il pouvait se glorifier d'avoir reçu une fort bonne éducation, dont il n'avait jamais fait usage; il était doué de hautes idées de justice et de morale, qu'il n'avait jamais mises en pratique. Pirate et philosophe, on le trouvait tour à tour dans ses paroles digne de ces deux titres. Pendant la route, ce brave marin prit tellement Saint-Charles en affection, qu'à son arrivée, résolu d'abandonner la mer pendant quelque temps, il voulut accompagner son jeune ami dans ce monde nouveau, qui présentait tant d'écueils à son inexpérience.

Les contrées méridionales de la France leur parurent d'abord du plus heureux augure : la richesse du sol, la vivacité des habitans, tout éveilla dans le cœur de Saint-Charles un sentiment de joie et d'ivresse qu'il prit pour l'amour de la patrie. Il se présenta bien vite aux magistrats pour se faire délivrer son diplôme de citoyen français, comme son père le lui avait prescrit. Lorsqu'il déclara avoir suivi jusqu'alors le culte de Bouddhou, l'officier municipal recula de trois pas, comme saisi d'horreur, et lui demanda ensuite ce qu'était ce Bouddhou qui avait un culte. « Bouddhou est la sagesse incarnée, répondit le jeune homme ; c'est un Dieu révéré en Chine, au Japon et dans la Tartarie ; il a de nouveau visité la terre il y a peu de temps, et son pied se trouve encore imprimé sur le pic d'Adam, l'une des plus hautes montagnes de Ceylan. — Je connais fort bien Adam, et ne connais point Bouddhou, répliqua le municipal, et, malgré vos papiers qui me semblent être en règle, j'ai peine à croire qu'on puisse faire un Français d'un Bouddhiste. Allez voir monseigneur l'archevêque. »

Le capitaine Van-Break soutint que cette réponse impliquait contradiction, vu que le pape lui-même ne pouvait nous donner qu'une religion, et non une patrie; qu'un billet de confession était inutile dans une semblable affaire; qu'un Bouddhiste pouvait être Français aussi bien qu'un juif, etc., etc.; et la grande discussion sur les choses contradictoires, commencée à bord de *l'Amaranthe*, recommença de plus belle, car le capitaine était un homme qui trouvant un texte fécond, n'avait pas assez de toute sa vie pour en continuer la glose.

Saint-Charles se présenta chez l'archevêque, lequel, sans le voir, le renvoya à son grand aumônier, lequel le renvoya au curé, lequel le renvoya au vicaire, qui le reçut fort bien, et lui fit expliquer pour la seconde fois ce qu'était un Bouddhiste. Comprenant qu'il s'agissait d'une conversion, le bon vicaire ne se crut pas digne d'un tel honneur, et, par humilité, le renvoya au curé, qui le renvoya au grand aumônier, qui le renvoya à l'archevêque. Cette fois le prélat fut visible; il l'accueillit avec bienveillance, lui dit que, pour rentrer dignement dans le sein de la France, il devait, comme saint Jérôme, secouer la poussière idolâtre dont il était couvert. C'était un conseil, non un ordre. « Mon père mourant m'y engagea lui-même, répondit notre Cingulais; mais votre Dieu ne réprouve-t-il point un semblable changement? — Ce sacrifice ne peut qu'être agréable au Seigneur quand la foi nous y porte. »

Saint-Charles se fit instruire, trouva la

religion de Jésus-Christ bien préférable à celle qu'il avait professée jusqu'alors, et il reçut le baptême qu'on lui dit devoir le laver de ses souillures et ouvrir les portes du ciel à son ame. Van-Break fut son parrain, et pleura de joie en pensant que son ami devait désormais se nommer Philippe comme lui. Il croyait voir un fils dans celui qui portait son nom.

Le lendemain, le nouveau chrétien parut chez Van-Break, suivi d'un dogue superbe, son compagnon fidèle, qui lui avait sauvé la vie à Ceylan, et l'avait accompagné dans son émigration. « Je vais retourner auprès de l'archevêque, dit-il, pour le prier de verser aussi, sur mon bon Stanog, cette eau sainte qui doit lui ouvrir les portes du ciel.—Que vas-tu faire, cher filleul? répondit le capitaine en poussant un long éclat de rire; tu viens mêler tes idées malabares à tes sentimens chrétiens : nous ne sommes plus aux

Indes; les bêtes ici n'ont point d'ame à sauver, et c'est commettre un sacrilége que de vouloir administrer un tel sacrement à tout autre qu'à un homme. Pour le coup, la contradiction est dans ton esprit, à toi, demi-Indien, demi-Français; mais voilà à quoi l'on s'expose avec ces conversions subites. Ceci me rappelle une contradiction de ce genre dont j'ai été témoin chez mes bons amis les Caffres. Les pères de la Propagande croyaient avoir frayé la route du christianisme à un grand nombre d'entre eux; ainsi que toi, ils avaient été baptisés, et se regardaient comme de parfaits néophytes, bien qu'ils eussent, à peu de chose près, conservé toutes leurs *premières habitudes;* mais, observant avec assez d'exactitude les jeûnes et autres austérités, ils se croyaient sanctifiés par là. J'allai un jour les visiter non loin de la côte, avec une espèce de philosophe, un fort bel homme, qui voulait aussi les convertir à sa manière. Nous les trouvâmes ne mangeant que des patates et du poisson, vu le jour qui était un samedi. Mon philosophe chercha à les endoctriner ; il leur reprocha leurs vices, leurs cruautés, leur polygamie. Ils l'écoutèrent assez tranquillement ; mais il leur dit imprudemment que c'est par des vertus qu'on plaît à l'Éternel, et non par de prétendues abstinences, qui ne consistent qu'en un changement de nourriture. A l'audition de pareils blasphèmes, se levant spontanément : Nous conseiller de faire gras un samedi ! s'écrièrent-ils d'une voix unanime, dans leur langage baroque : le scélérat ! l'impie ! Et, pour venger leur culte outragé, les yeux étincelans de fureur ou de ferveur, comme on voudra l'entendre, ils se jetèrent sur lui, le mirent en pièces et le dévorèrent sur-le-champ. Je dois cependant leur rendre justice ; ils ne tardèrent pas à se repentir, non de l'avoir mangé, car il était blanc et délicat: mais d'avoir fait gras un samedi, ce qui devenait contradictoire avec leurs principes. Tu le vois, ainsi que tu es resté Cingulais, ils étaient restés Caffres malgré le baptême. Heureusement, Philippe, mon filleul, tu as un parrain qui connaît sa religion ; laissons ton Stanog pour ce qu'il est, et ne pensons plus à son salut. »

Saint-Charles avait l'esprit trop élevé pour ne point concevoir le but sublime d'une doctrine qui ennoblissait l'homme en posant une barrière céleste entre lui et les autres animaux. Il se résigna, en regrettant pourtant que son compagnon fidèle ne pût le suivre dans le ciel.

Comme il se dirigeait vers les saints autels pour offrir à Dieu ses actions de grâces, il s'aperçut que l'église, environnée d'un peuple immense, était ornée et décorée comme aux jours de fêtes, et les gens qui l'entouraient lui apprirent qu'on allait procéder au baptême d'une cloche. Il resta stupéfait : « Quoi ! dit-il à Van-Break, on administre ce sacrement à une cloche ? à une matière brute et insensible ?.... Une cloche aura un parrain et une marraine, et mon fidèle Stanog n'en pourra avoir ! Une cloche a-t-elle donc une ame à sauver ? » Cette idée le confondait. « C'est une contradiction révoltante, disait le marin ; tu verras qu'en France, dans le pays le plus civilisé de la partie du monde la plus civilisée, nous en trouverons autant que chez les Caffres et les Cingulais. »

Dès ce moment, notre jeune voyageur commença à observer ce qui se passait autour de lui avec ce sentiment d'aigreur et de critique que l'on acquiert à mesure qu'on se sent abandonné par ses premières illusions. Il entendit parler dans ce temps des troubles religieux qui avaient éclaté à Nîmes et à Montpellier. Étonné d'abord qu'une morale sainte, qui commandait la charité et le pardon des erreurs, eût pu pousser des hommes à de pareils excès, il s'enquit des principes de ces odieux protestans qu'il supposait être chrétiens à la manière des Caffres. Un bourgeois du pays, qui n'avait pas été étranger lui-même à ces horreurs, lui dit tranquillement : « Ce sont de damnés hérétiques qui refusent de reconnaître le pape et les décrets des conciles. — C'est donc le pape qui leur a déclaré la guerre ? — Non, car il les reçoit et les protége dans ses états. — Quels sont ces décrets des conciles ? — Je l'ignore et m'en inquiète peu. — Leur croyance est donc infâme ? — Garde-toi de le croire, Philippe, mon filleul, interrompit Van-Break, car ils suivent strictement les préceptes de l'Évangile, de ce livre qui t'a converti ; mais enfin ils sont protestans et nous catholiques ; c'est comme qui dirait Anglais et

Français ; la différence des dénominations semble bientôt faire deux nations de la même ; et puis on s'excite les uns les autres, les têtes se montent!..... — C'est vrai, répondit le bourgeois persécuteur ; cependant vous avouerez qu'il est cruel d'être exposé à se trouver sans cesse côte à côte avec de semblables hérétiques ; mais je vous quitte, car je dîne aujourd'hui avec deux négocians turcs de mes amis, qui arrivent de Marseille. Adieu. »

« Contradictions sur contradictions ! s'écria le capitaine. Dans l'intérêt du saint-père, ils tourmentent des gens que le saint-père protége ; chrétiens, ils égorgent les disciples de Jésus-Christ, et dînent avec ceux de Mahomet ! — Quelle horreur ! disait Saint-Charles, rouge de fureur et les yeux pleins de larmes ; sont-ce là les effets de la civilisation ! Si les dogmes des deux religions sont les mêmes, si toutes deux ont pour base le saint évangile, qu'importe qu'on passe de l'une à l'autre? je veux être protestant! Il est plus honorable de se trouver du parti des opprimés que de celui des oppresseurs! — Nouvelle folie, Philippe, mon filleul; tu seras regardé comme un renégat, un relaps, un hérétique.—Monseigneur l'archevêque m'a dit qu'un semblable changement était agréable au Seigneur, quand la foi nous y portait. — Il a pu le dire, quand il s'agissait de quitter le bouddhisme pour le catholicisme; il dirait le contraire aujourd'hui. — Il se contredirait donc? — Tout comme les autres; Philippe, mon filleul, ne prenons pas feu si facilement; tu es dans la bonne voie, restes-y : j'ai connu un homme qui, après avoir été catholique persécuteur en Espagne, embrassa le protestantisme, et alla persécuter les papistes en Irlande. La cruauté tient à l'homme, non à la religion; dans les pays où Calvin domine, ses disciples sont intolérans à leur tour : voudrais-tu sans cesse changer de culte en changeant de climat ? » Pour écarter toutes ces idées, ils quittèrent ces lieux où les fils des anciens Gaulois avaient relevé les autels de Teutatès, et lui offraient des victimes humaines en sacrifice.

Arrivés à Paris, mille nouveaux sujets d'étonnement frappèrent bientôt nos deux voyageurs. Saint-Charles y vit partout l'oisiveté en honneur, et l'industrie active presque méprisée ; on y devenait académicien par des opinions politiques, homme d'état par des sentimens religieux ; les jeunes gens s'y montraient prodigues de leur fortune, comme s'ils ne devaient vivre qu'un jour ; les vieillards, économes, comme s'ils espéraient encore un siècle d'existence. Tout cela devait sembler autant de contradictions à un jeune homme simple, naïf, et qui ne connaissait pas le monde. Il le connut enfin ; admis dans quelques salons, il en étudia les mœurs et les usages. D'après ses observations, des vices élégans et quelques talens agréables suffisaient pour faire un cavalier parfait. Les vertus et la piété étaient traitées comme affaires de spéculation. les dupes seules couraient risque du mépris, et un mari trompé était assez sot pour croire que c'était lui qui était déshonoré.

Avec ses préjugés cingulais et sa délicatesse de morale, Saint-Charles, placé dans un cercle pareil, y devait être bientôt en butte à toutes les railleries et les impertinences de ces petits messieurs qui paient leur écot dans le monde en prodiguant les épigrammes et les bons mots. Doué d'un caractère facile et heureux, il crut cette petite guerre sans importance, jusqu'à ce que, insulté grièvement, il se vit forcé de riposter lui-même, et le fit avec un tel avantage, que son adversaire ne se possédant plus de colère, lui donna un soufflet. Saint-Charles alors reprit son sang-froid, lui reprocha de s'emporter ainsi, le plaignit de se livrer à des violences honteuses, et s'occupa d'autre chose.

Des amis charitables lui firent bientôt entendre qu'il était perdu d'honneur, s'il ne demandait raison d'un pareil outrage. Le bon jeune homme ne put concevoir comment, les torts n'étant pas de son côté, la honte y était. « Mais les lois de l'honneur! lui cria-t-on de tous côtés; malheureux! vous êtes perdu, si vous n'y satisfaites.—J'y satisferai donc, dit-il; car mon père m'a surtout recommandé de leur rester fidèle. » Il alla trouver Van-Break, et lui demanda comment on se vengeait d'une injure, et comment se terminait une affaire d'honneur. Notre philosophe marin prit un air d'importance, et répondit : « Philippe, mon filleul, l'honneur est un fantôme qui change de formes en changeant de pays. J'eus, en Pensylvanie, le tort d'appliquer un fort rude soufflet à un brave Quaker, qui se contenta de me tendre son autre joue, et fut loué par tout le monde de cette action. Un Corse, avec lequel j'étais en rivalité dans ma jeunesse, crut qu'il était de son honneur de m'assassiner, et mourut de honte de n'avoir pu réussir. Un Anglais m'offrit un jour de boxer, pour terminer une discussion un peu vive, et me méprise encore aujourd'hui sans doute, parce que j'éludai la proposition. Me trouvant au Japon, je coudoyai par mégarde un noble hobereau du pays, qui, sans me dire un mot, tira aussitôt son poignard de sa gaîne; je crus qu'il allait s'en servir contre moi; point du tout; il s'en ouvrit incontinent le ventre et tomba à mes pieds, en rendant tous ses viscères. Ému de pitié, d'horreur, d'étonnement, je m'apprêtais à lui porter secours : *Eh bien, monsieur,* me dit-il tranquillement, *à votre tour!* Je ne le comprenais pas ; je ne voulus jamais le comprendre, et je fus honni par tous les Japonais, pour n'avoir pas imité un si bel exemple. Je passai chez les Tartares du Tangut, où m'attendait une autre affaire d'honneur. Un honnête mari du pays m'appela en duel, pour avoir fait les yeux doux à sa femme ; on m'arma d'une forte massue, et il me fut enjoint de lui en administrer trois coups sur le dos ; il devait opérer après moi ; mais je m'y pris si bien, qu'il ne s'en releva pas, et je fus reconduit avec beaucoup de civilité par ses compatriotes, enchantés de ma force et de ma courtoisie. Philippe, mon filleul, voilà comme partout le code pénal de l'honneur est interprété diversement. En France, on emploie l'épée ou le pistolet : mais, crois-moi, si tu fus insulté, celui qui t'a fait l'insulte se sent les moyens de survivre à la réparation ; tu n'es point forcé de te sacrifier à des conventions que tu connais à peine ; crois-moi, Philippe, mon filleul, j'ai besoin de ta vie ; abandonnons la France à ses éternelles contradictions, et passons en Pensylvanie. »

Cette explication ne satisfaisait pas le jeune Philippe : il avait vu plusieurs fois dans le monde un petit homme noir, à bons conseils, à figure respectable ; il l'alla trouver, et lui soumit les doutes qui le tourmentaient. « Jeune homme, lui dit celui-ci, votre inexpérience et votre air de candeur m'ont toujours intéressé ; je crois donc devoir vous parler franchement et dans votre intérêt. Le tribunal de l'honneur est sans appel chez nous ; si vous ne vous battez point, vous êtes déshonoré à jamais ; et je pense (toujours dans votre intérêt) qu'il vaut mieux courir les chances douteuses d'un combat, que d'être indubitablement exposé pour la vie au mépris général. »

Saint-Charles comprit ces raisons, et tout en déplorant cette contradiction du point d'honneur, qui met sans cesse la mauvaise part du bon côté, il appela son donneur de soufflets sur le terrain, et fut, hélas! assez malheureux et assez maladroit pour le tuer.

L'innocent meurtrier fut bientôt tout étonné de se voir cité devant des juges; mais ce qui l'étonna bien plus encore, ce fut de reconnaître parmi eux son petit homme noir, le donneur de bons avis, qui, assis à la droite du tribunal en qualité de procureur du roi, fit son métier, et prononça un discours véhément, où il appelait la vindicte publique et les rigueurs de la justice contre ceux qui, au mépris de la morale et de l'humanité, tigres altérés de sang, allaient assouvir leur soif sur leurs concitoyens, sur leurs frères. « Que ne parlait-il ainsi auparavant! se disait Saint-Charles ; je ne me serais certes point battu, et ce pauvre jeune homme, qui m'a donné un soufflet, habiterait encore ce monde. Quoi! les lois de la justice ne sont pas les mêmes que celles de l'honneur! et l'homme qui, chez lui, dans mon intérêt propre, me conseilla d'avoir recours aux armes, aujourd'hui, devant cette assemblée, cherche à me faire punir d'avoir suivi ses conseils! » Le cri de sa conscience lui faisait déjà redouter l'arrêt des juges ; mais le prononcé du jugement fut remis à huitaine, et l'on n'en parla plus.

« Eh bien, lui dit Van-Break en le revoyant, combien de contradictions me rapportes-tu de ta séance? —Beaucoup. » Et il lui fit part des réflexions précédentes et de l'aventure du petit homme noir. « Cela t'étonne? lui dit le capitaine: chez lui, il t'a parlé en homme du monde:

en frac, en chapeau, il avait les préjugés de son habit; couvert d'une robe et d'un bonnet carré, il a parlé en procureur du roi: voilà toute l'histoire. »

Acoablé de remords d'avoir satisfait aux prétendues lois de l'honneur, Saint-Charles se promit bien de ne plus observer que celles du gouvernement et de l'Église, qu'il avait violées pour obéir aux autres. Mais de nouveaux doutes vinrent l'agiter encore. Il crut s'apercevoir que les lois ecclésiastiques et politiques n'étaient pas plus d'accord entre elles que le reste. La religion de l'État semblait souvent en opposition avec les lois de l'État. Celles-ci encourageaient le mariage et les théâtres, que le trésor public soutenait de ses propres fonds; celle-là prêchait le célibat, défendait les spectacles et frappait d'anathème les comédiens du roi. « Mon père, je le vois bien, se disait Saint-Charles, exigea de moi l'impossible en me recommandant d'observer exactement les lois de l'honneur, du gouvernement et de la religion du pays que j'allais habiter. Ne puis-je donc être à la fois bon citoyen et bon chrétien ! »

Ses idées fermentaient dans sa tête: il sentait le besoin de les répandre; mais il résolut, pour ne heurter aucun pouvoir, de ne suivre qu'une seule route et de n'aborder aucun sujet étranger à celui qu'il traiterait. La Charte, qu'il relut très attentivement, lui donnait le droit de publier ses opinions ; la lecture de ce texte sacré le convainquit que le régime sous lequel il vivait était entièrement libéral et constitutionnel ; il écrivit dans ce sens, avec modération, et fut mis à Sainte-Pélagie pour trois mois. « Arborez donc le drapeau devant lequel vous voulez qu'on s'incline ! s'écriait-il avec exaspération : pourquoi abuser ma crédulité par de faux signaux? pourquoi me punir de marcher vers le but que vous m'indiquez ? La loi est-elle donc en contradiction avec elle-même? — Oui, dit Van-Break, qui venait lui rendre visite; la loi punit le voleur et le meurtrier, et n'interdit point les maisons de jeu, les salles d'escrime, les tirs de pistolet, où l'on se forme au vol et au meurtre. Philippe, mon filleul, ne seras-tu jamais sage? Pourquoi te diriger sans mes avis ? Grâce au système que je viens de bâtir sur les contradictions, je suis sûr maintenant de ne plus errer : le moyen est simple; c'est d'agir et de croire en sens inverse de ce que nous conseillent les apparences. Le contraire de ce qu'on fait est presque toujours justement ce qu'il conviendrait de faire. Tu verras ici des prisonniers pour dettes ; comme ils ne peuvent s'acquitter envers leurs créanciers qu'en redoublant de travail et d'activité, on croit assurer ce résultat par l'interruption de leur commerce et de leurs affaires, et en les forçant à une inaction de cinq années, qui le plus souvent les condamne à la misère pour le reste de leurs jours. »

Quelques prisonniers s'étaient rassemblés pour dîner ensemble; le parrain et le filleul étaient de ce nombre. Le capitaine, plein de son nouveau système, eut bientôt mis la conversation sur le sujet qui l'occupait sans cesse; chacun dit son mot, chacun apporta des preuves à l'appui : les têtes s'échauffèrent sur cette idée; enfin on résolut, séance tenante, de composer ensemble un dictionnaire des contradictions. Au dessert, un des convives, poete distingué sans doute, car il ne manque pas d'hommes de lettres à Sainte-Pélagie, improvisa ou parut improviser la chanson suivante, en forme de complainte :

Oui, tout suit la loi du contraire;
Gloire, honneurs sont pour le guerrier.

Lui qui cependant sur la terre
N'exerce qu'un art meurtrier.
Le commerçant au sein des villes,
L'agriculteur au sein des prés,
A notre bien sont plus utiles;
Aussi sont-ils moins honorés.

Après avoir porté le glaive
Et la terreur dans son pays,
Sylla tout doucement achève
Ses jours par le calme embellis;
Henri, du nom le quatrième,
Par la victoire couronné,
Rend heureux un peuple qu'il aime,
Aussi meurt-il assassiné.

Le vieux Cratès, bossu, cynique,
D'Hypparchia séduit le cœur,
Quand, dépouillé de sa tunique,
Au grand jour il met sa laideur.
Chantant d'une voix lamentable,
L'objet dont son cœur fut charmé,
Pétrarque était bien plus aimable,
Aussi fut-il bien moins aimé.

Dans les beaux jours de Melpomène
Le grand Racine fut sifflé,
Athalie en valait la peine,
Pourtant l'auteur fut désolé.

Cette justice met à l'aise,
Et certes me doit enhardir;
Messieurs, ma chanson est mauvaise,
Aussi vous allez l'applaudir.

En effet, elle fut applaudie. Van-Break ne tarissait pas en éloges, tant il était ravi de voir son système déjà chansonné. Le mot *aussi* fut adopté pour le dictionnaire, dont les matériaux étaient déjà immenses au bout de huit jours. Vu le nombre de ses volumes, comme il ne paraîtra sans doute pas avant celui de l'Académie, j'en crois devoir citer ici deux articles pour donner une idée de l'ouvrage. Je prendrai d'abord le mot :

« EMPLOYÉ. *L'employé simple est un homme qui travaille depuis la huitième heure du jour jusqu'à la quatrième de relevée ; parfois même son bureau le rappelle le soir à l'ouvrage : aussi ses appointemens sont fort médiocres. Le chef de bureau est soumis à moins d'exactitude; il peut s'affranchir des corvées du soir, et allier agréablement les affaires et les plaisirs : aussi cette place est-elle fort bien payée. Devenu chef de division, il jouit d'un traitement considérable; aussi ne fait-il plus rien.* »

« NOBLESSE. *Un homme fait une action d'éclat, sauve son pays, verse son sang pour lui, ou s'illustre par ses ouvrages; il lui est concédé, sur parchemin, le droit de procréer des gentilshommes. L'est-il lui-même ? Non ! Il ne peut le devenir; il n'est tout simplement qu'un intrus, qu'un parvenu, métis de la roture et de la noblesse. Mais ses fils seront gentilshommes; il leur donnera ce qu'il n'a pas; le gland produira un cèdre; le fleuve se purifiera en s'éloignant de sa source. Tout cela n'est pas clair : aussi c'est presque universellement adopté.*

« *De grandes actions cependant ne*

sont pas toujours nécessaires pour acquérir des lettres de noblesse. La finance les achète à prix d'argent, la poésie avec de douces flatteries ; et, sous le titre de SERVICES RENDUS A L'ÉTAT, *un ministre peut en gratifier le mari de sa maîtresse ou l'amant de sa femme. Aussi cette institution fut-elle toujours proclamée le soutien des bonnes mœurs et le rempart de la monarchie.* »

Un sage vieillard, nommé, comme doyen d'âge, président de la commission du dictionnaire, se chargea d'en composer l'introduction. Elle fut lue en séance générale. N'admettant point d'effets sans causes, il chercha à y dévoiler la source de tant de contradictions dans l'état actuel de la société. « Notre civilisation, dit-il en terminant, est un vieux monument blanchi et réparé, dont les parties nouvellement reconstruites ont cessé d'être en harmonie avec les anciennes. Sur de vastes fondations posées par nos barbares ancêtres, les Romains ont jeté quelques portiques élégans encore debout. Le monstre féodal y planta ses tourelles et ses donjons; les siècles se succédèrent en élevant à l'entour des masses plus uniformes et moins solides: on renversa pour reconstruire avec les mêmes matériaux; au dehors, à force de plâtrage, on donna au monument un aspect de régularité; mais au dedans il n'en présente pas moins un labyrinthe inextricable où l'obscurité succède à la lumière, des sentiers tortueux à de larges galeries. Nos lois sont un mélange bizarre de celles des Francs, des Romains et des peuples modernes; notre code de morale un composé de rodomontades chevaleresques et de raisonnemens philosophiques; notre religion, un faisceau de dogmes divins et éternels, et d'ordonnances ecclésiastiques, en rapport sans doute avec les temps où elles furent promulguées, mais souvent en opposition avec les nôtres. L'infaillibilité étant la raison dominante de notre culte, les décrets temporaires du treizième siècle nous atteignent encore aujourd'hui. Pour avoir défendu les *mystères*, parades impies et licencieuses, on lance encore l'anathème sur Athalie et sur Polyeucte. Les décrétales, les règlemens des évêques ont obscurci et mutilé l'Évangile, comme nos lois provisoires ont anéanti l'esprit de notre Charte. Jamais chez nous la pensée du législateur ne fut comprise. François 1er, pour mettre l'expression de la loi à la portée du peuple, bannit la langue latine des tribunaux, et nos légistes aujourd'hui conservent encore le jargon marotique de ce siècle, presque aussi inintelligible pour bien des gens que le latin lui-même. C'est ainsi que les institutions et les usages sont toujours en arrière des idées et des besoins du moment. Telle est la cause de tant de contradictions, détestables sans doute ; mais comparons les temps qui nous ont précédés aux temps où nous vivons, et, en attendant mieux, montrons-nous satisfaits de notre sort. — Oui, dit Van-Break, en interrompant la lecture ; comme je le disais à Philippe, mon filleul, à bord de *l'Amaranthe* : La science de la vie est de savoir diriger sa barque au milieu de tous ces courans contraires. »

LA VENGEANCE.

(AFRIQUE. CONGO, CAP DE BONNE-ESPÉRANCE, SÉNÉGAL, BARBARIE.)

LA VENGEANCE.

> C'est de la hauteur où la sagesse humaine peut atteindre, que Socrate criait aux hommes : « Il ne vous est jamais permis de rendre le mal pour le mal. »
> (*Plat., cité par Barthél., Anach.* t. VII, p. 72.)

VERS la fin du dix-huitième siècle, le royaume de Congo était gouverné par un prince, l'idole de ses sujets; on ne parlait, dans toutes les contrées environnantes, que de sa prudence et de sa justice. La violence et la cruauté, cependant, formaient le fond de son caractère; mais en montant sur le trône, conseillé par la raison de prendre pour ministre un homme modéré dans ses passions, franc dans ses discours, de mœurs incorruptibles, son choix était tombé sur le sage Maëlo, avec lequel j'avais naguère parcouru une grande partie du continent africain, et nul n'était plus digne de la confiance du roi que ce philosophe éthiopien.

Instruit des penchans naturels de son maître, Maëlo était sans cesse contraint d'user d'adresse avec lui jusque dans sa franchise. Tantôt il le caressait de louanges méritées, pour l'exciter à conquérir encore celles qui manquaient au complément du panégyrique ; tantôt lui racontant l'histoire de quelque chef de nation sauvage, il établissait entre le héros barbare et son royal auditeur des rapports presque détournés, mais promptement saisis par la conscience de celui-ci, et tels qu'il se hâtait de se dérober par de généreuses actions à la honte du parallèle. Flottant entre une bonne intention et un instinct vicieux, entre un devoir et un caprice, le roi tentait cependant de se soustraire parfois à la vertueuse tutelle de son ministre, et la noble enveloppe sous laquelle il apparaissait aux yeux de ses sujets fut souvent sur le point de se déchirer.

Outré d'une humiliation imprudente et injuste, son frère, Mani, ou gouverneur de Bamba (province considérable du Congo), prit les armes et proclama son indépendance. Aussitôt la fureur du roi ne connut plus de bornes ; il jura la mort du rebelle et de ses complices, et une levée générale fut ordonnée dans tous ses États. Je me trouvais dans ce temps à Banza-Saint-Salvador, et le singulier spectacle dont je fus alors témoin me semble mériter d'être rapporté.

En moins de quinze jours, près d'un million d'hommes accourus de toutes les parties de l'empire, afflua vers la capitale; les campagnes environnantes en furent couvertes, les chemins encombrés; des huttes, bâties à la hâte, occupèrent dix lieues de terrain autour de la ville royale, et cette multitude, privée de subsistance, foulant aux pieds les moissons, transportant ses villages nomades partout où existaient les dernières ressources du cultivateur, la famine menaça bientòt de pénétrer jusqu'au palais du monarque.

Maëlo veillait; son activité ramena l'abondance, mais sans pouvoir éviter le désordre; et le roi sentant la nécessité de disséminer ce surcroît immense de population, hâta le jour de sa grande revue.

Saint-Salvador est situé sur une montagne escarpée de tous côtés; un chemin taillé dans le roc conduit au palais, non loin duquel est une vaste place appelée le *Champ-Vert*, jadis lac immense que fit combler Luquéni, premier souverain de Congo. C'est là que parut le roi, entouré des ducs de Batta, de Sogno, du marquis de Pemba et du comte de Sibéni (car depuis que les Portugais ont porté le christianisme dans ces contrées, tous les naturels qui professent cette croyance affectent de prendre les titres, les usages, et même une partie des vêtemens de cette nation). Le monarque, précédé d'une nombreuse garde d'Anzikis (1) armés de mousquets et de lances, sortit du palais au bruit des trompettes, des cornemuses et d'une espèce de tambour appelé *ingombo*, fait d'un tronc d'arbre creux, et dont le son accompagné de celui du *longa* (2), produit un ensemble fort dis-

(1) Les *Anzikis* sont une nation sauvage qui habite sur les bords du Bancaro, près des frontières septentrionales du royaume de Loango. Pleins de courage et d'adresse dans la guerre, ils vendent leurs services aux rois africains qui peuvent les payer : leur fidélité est à toute épreuve. Selon Davity, Dapper et Labat, ils sont anthropophages ; et, dans les marchés de *Monzal*, capitale du royaume d'Anziko, la chair humaine se vend publiquement. (X.)

(2) Espèce de sonnettes, telles qu'on les attache en Europe au cou des bestiaux.

cordant. Il avait à ses côtés deux jeunes seigneurs, dont l'un portait son bouclier et son épée, étincelante de pierreries, l'autre le bâton du commandement; et tandis que deux autres de ses officiers, armés chacun d'une queue de cheval, rafraîchissaient l'air autour de lui, un troisième soutenait au-dessus de son front un large parasol de soie, pour le défendre des ardeurs du soleil. Mais ce qui étonna le plus mes regards, ce furent les vêtemens divers sous lesquels paraissait ce cortége bizarre. Ceux qui s'honoraient du titre de chrétiens, se montraient, à l'instar des anciens Portugais, coiffés de la toque légère et de la plume d'autruche, ou du large chapeau à bords rabattus. Le velours, la soie, les brocarts d'or et d'argent rehaussaient leur parure. Ceux, au contraire, qui, imbus encore des superstitions paternelles, auraient cru commettre à moitié le crime d'apostasie en ne se revêtant pas des mêmes ornemens que leurs aïeux, se présentaient fièrement couverts d'un habit fait de l'écorce de l'aliconde, d'un léger surplis que leurs femmes avaient tissu des fibres déliées de l'insanda ou du laurier mulemba, et qui, fixé sur l'épaule, à la manière des Grecs, voyait la brillante agrafe remplacée par une queue de zèbre, ornement en honneur au Congo. Une peau de tigre accompagnait dignement cette parure, empruntée tout entière au pays, et qui était complétée par des sandales de bois de palmier et un petit bonnet de couleur vive, sous lequel ressortait pleinement leur teint noir ou cuivreux.

Le roi s'arrêta près du Champ-Vert, dans un endroit où l'on avait dressé pour lui un petit pavillon, surmonté d'un étendard portant pour armoiries une croix d'argent, cantonnée de quatre écussons et accompagnée de tourteaux de sable, mis en sautoir; présent qu'avait jadis fait le roi Emmanuel de Portugal à son allié congois, Alphonse Ier. Aussitôt que le monarque se fut assis, on vit déborder en tumulte, par le chemin de la montagne, toute cette populace inexpérimentée dont on comptait faire des héros. Chacun d'eux s'était armé et vêtu de son mieux: les uns portaient une lance et un petit bouclier impénétrable au fer, fait de la peau d'un animal appelé *dante;* les autres, presque nus, comme la plupart de leurs compatriotes, s'avançaient en agitant des haches, des sabres, des fusils rouillés, dont beaucoup étaient privés de leurs parties essentielles, et ne figuraient dans l'équipement que comme objets de luxe. Plusieurs de ces futurs guerriers désirant même se donner des airs de cour, avaient aussi emprunté aux Européens une partie de leurs ajustemens. On en voyait qui, le front couvert d'une espèce de casque, formé d'un cuir d'hippopotame ou de la peau écailleuse d'un énorme serpent, portaient, pour accompagner cette coiffure terrible, une veste portugaise brodée d'or, un manteau de soie, ou un habit d'uniforme anglais. J'en aperçus qui ne voilaient cet état complet de nudité, commun au pays, que par une légère toque empanachée, et par une longue épée dont ils se ceignaient les reins. Un d'entre eux n'avait même pour tout vêtement, des pieds jusqu'à la tête, qu'un hausse-col et des manchettes.

Ils défilèrent devant le roi; et leurs chefs principaux reçurent de ce prince des enseignes faites de plumes d'autruches et de paons agréablement mariées ensemble. Alors des cris de joie s'élevèrent de tous côtés, retentirent dans la ville, qui regorgeait du superflu de cette armée immense, retentirent dans les plaines environnantes, encore couvertes de soldats non inspectés. Le monarque déclara être content de la revue, et rentra dans son palais après avoir ordonné que l'on distribuât aux troupes du manioc, des patates, des tambas, du gibier, et une grande quantité d'outres remplies d'un vin tiré du mataba, espèce de palmier qui fournit une boisson très agréable.

Cependant Maëlo fit observer à son maître que la difficulté de nourrir un tel ramas de soldats amènerait nécessairement une désertion dont pouvait profiter son frère, le duc Alvarès, maître de la côte où se pêchent le plus abondamment les zimbis (petit coquillage qui sert de monnaie au Congo et dans une grande partie de l'Afrique). Le roi vit d'abord sa vengeance plus assurée en entourant le rebelle d'un semblable appareil de forces; de plus, par orgueil, il se croyait intéressé à marcher à la tête d'une armée aussi considérable que celles qu'avaient rassemblées ses prédécesseurs; mais le prudent ministre lui ayant cité, d'après leur propre histoire, dans combien d'occasions le grand nombre de guerriers vaient nui au succès de leurs entreprises, l se rendit, et le chargea de tout dispoer de façon à mettre bientôt son mortel nnemi en son pouvoir.

Alvarès était d'un caractère dur et inexible. En révolte ouverte contre son naître et son frère, après avoir inutilement tenté de le faire assassiner par un nziki de sa garde, il lui déclara insommment que s'il mettait les pieds sur le erritoire de Bamba, lui et toute son arnée seraient jetés aux pismires (1); et,

(1) Les pismires ou termites (*termes* de innée), appelées *fourmis blanches*, *buggaugs*, *vague-vagues*, par divers voyageurs, nt le fléau des Indes et d'une partie de l'Afriue, par les dégâts qu'elles causent non seument parmi les fruits, les moissons et même

commençant déjà l'exécution de ces imprudentes menaces, il avait fait subir cet horrible supplice à l'ambassadeur du roi.

---

les meubles, les ustensiles de bois, les étoffes, bientôt percés, moulus, anéantis sous leurs mâchoires voraces, mais encore parmi les hommes, qu'elles attaquent quelquefois durant la nuit par myriades, et qu'elles dévorent jusqu'aux os.

Considérés sous le rapport de leur industrie, ces petits insectes peuvent passer pour une des merveilles de la création. La structure, la grandeur de leurs habitations, qui s'élèvent parfois à douze et quinze pieds de hauteur, avec une solidité telle que des troupeaux de buffles et d'autres animaux sauvages vont bondir dessus sans les ébranler, leur prudente économie, leur admirable prévoyance, la symétrique combinaison de leurs canaux, de leurs routes souterraines, tout les place pour l'intelligence ou l'instinct beaucoup au-dessus des guêpes, des fourmis, des abeilles, des loxias et des castors.

D'après l'observation de M. Smeatman, dans sa Relation sur les Termites, adressée à la Société royale de Londres, si l'on compare leurs qui venait le sommer de rentrer dans le devoir.

Le squelette de cet infortuné, dévoré

---

monumens aux nôtres, en calculant, d'après une échelle proportionnelle, la hauteur de nos ouvriers et des leurs, on trouvera que ces fourmilières sont quatre ou cinq fois plus élevées que nos plus hauts monumens, et surtout beaucoup plus solides.

Adanson, trompé par la régularité, le nombre et l'élévation de ces constructions singulières, crut voir de loin un village considérable; et, en cela, il faisait beaucoup d'honneur aux habitans du pays, dont les huttes sont moins vastes et moins bien disposées que ces palais formicaires (*Voyage au Sénégal*, p. 153). M. Mollien les prit pour des colonnes symétriquement façonnées par la main des hommes (*Voyage dans l'intérieur de l'Afrique*).

Jobson, peut-être avec exagération, leur donne vingt pieds de hauteur, et prétend qu'un de ces nids abandonné lui servit de retraite, ainsi qu'à une douzaine de ses compagnons, embusqués pour guetter le gibier (*Hist. de* vivant par ces insectes avides, avait été envoyé, comme réponse, au maître légitime du Congo. C'est devant ces restes

---

Gambie). Bosman ne leur donne qu'une élévation double de la stature ordinaire d'un homme (*Description of Guinea*, p. 276) ; et l'abbé de La Caille certifie qu'un chariot, lourdement chargé, ne pourrait les briser en passant dessus.

La nature n'a pas, dans ces climats brûlans, d'agens plus actifs que les pismires pour empêcher les vapeurs pestilentielles que pourraient produire les cadavres des éléphans, des élans, des chevaux sauvages, etc., ou ces peuplades entières de Nègres, égorgées et abandonnées par leurs ennemis. Grâce à ces insectes, le sol africain éprouve encore sur sa surface des changemens et des mutations prodigieuses. En quelques mois, ils éclaircissent les forêts les plus impénétrables, détruisant, emportant des milliers d'arbres gigantesques qui semblaient devoir braver les siècles ; mais si des champs sont cultivés, si des habitations humaines s'établissent sur la place qu'ils ont déblayée, parfois aussi des villes entières désertées par les naturels affreux que celui-ci s'enivrait des projets de sa vengeance. Les tortures, le fer et la flamme lui paraissaient trop doux pour

---

du pays, pour une position plus favorable, disparaissent sous leurs mandibules de fer. Bientôt il n'en reste plus aucun vestige ; le manglier et le boabab y jettent de nouveau leurs vastes racines, et la végétation, plus jeune et plus brillante, revient, reine légitime, quelque temps proscrite, s'établir sur le terrain dont elle avait été dépossédée.

Les différentes espèces de termites ou pismires, leurs mœurs, leurs transformations, les évolutions, les marches, la tactique de leurs nombreuses armées, leurs cris de guerre et de ralliement, l'amour de ces insectes monarchiques pour leur roi ou pour leur reine, tout offre le plus vif intérêt, le tableau le plus curieux et le plus animé, et nous engageons le lecteur à recourir, pour de plus amples détails, aux Mémoires du baron de Géer, ou à la Relation de M. Smeatman, traduite par Letourneur, dans le Voyage d'André Sparrman au Cap de Bonne-Espérance. (X.)

punir de tels crimes; il accusait son imagination de stérilité en fait de supplices, car il lui fallait voir la lenteur dans la mort et le désespoir dans la souffrance.

Cependant en moins de deux mois, le duché de Bamba fut soumis par une petite armée que Maëlo n'avait composée que d'hommes ayant déjà fait la guerre, et bientôt Alvarès, abandonné de ses soldats, fut enfermé dans un vaste souterrain, avec son immense famille; car depuis long-temps, ayant renoncé au culte des chrétiens, pour suivre les lois du fétichisme, plus favorables au plaisir, il avait pris un grand nombre de femmes, et ne comptait pas moins de deux cents enfans.

Le roi s'apprêtait à assouvir sa soif de vengeance sur le coupable et sur tous les siens. Mais Maëlo n'était point encore instruit de ses cruels projets. Cette idée le tourmentait; il avait contracté l'habitude de ne pouvoir agir sans ses conseils et sans son approbation. D'un côté, il craignait que le sage ministre, tout en reconnaissant la justice du châtiment, n'en blâmât les terribles excès; d'un autre, il espérait que ce savant homme, ayant visité presque toutes les contrées de l'Afrique, où la vengeance est en honneur, pourrait servir sa fureur, en lui révélant quelque action en rapport avec sa situation présente, quelque supplice inconnu au Congo. Pour sortir de cette incertitude, usant d'adresse, il résolut de ne lui demander que le récit des aventures de ce genre dont il aurait été le témoin ou l'auditeur, sans l'instruire de ses pensées secrètes, comptant que Maëlo, par ses discours, lui donnerait des exemples à imiter et légitimerait les vengeances qu'il méditait, ne pouvant blâmer en ce moment ce qu'il aurait approuvé lui-même en d'autres circonstances.

« Tes narrations me plaisent, tu le sais, lui dit-il un jour; nos Européens t'ont communiqué les secrets de leur beau langage, et ta parole est douce et nourrissante comme la liqueur du palmier. Tu as tant vu et tant observé dans tes longs voyages, que chacun de tes mots se développe dans mon esprit comme la graine du mil sur une terre humide. Est-il vrai, comme on le répète, que la plupart des peuples de ce continent se livrent avec ardeur et sans remords aux passions les plus haineuses, et que le souvenir d'une injure reste si vivement dans leur cœur? Je suis malheureux; les malheurs des autres peuvent m'être un soulagement. Raconte-moi quelque histoire qui m'éclaire sur les mœurs de ces peuples, sur la fermeté, la rudesse de leur ame, sur leur soin à punir une injure, sur leurs vengeances enfin. »

Maëlo devina l'espoir du roi. « Vos désirs sont tout puissans pour moi, répondit-il ; j'obéirai, et je vais vous citer les faits de ce genre qui m'ont le plus frappé par leur singularité ou le caractère terrible dont ils étaient empreints. » Et s'apercevant que son maître semblait l'écouter avec avidité, l'orateur, le poète congois rassembla quelque temps ses idées et commença.

Voici sa première narration.

LE HOTTENTOT-BOSHI.

Non loin des colonies du Cap, sur les bords du Palamit, est une vallée fertile, dont la beauté est plus remarquable encore par l'aridité du pays qui l'environne. Là, dans des bois touffus, où l'aloès fleurit sous vingt couleurs différentes, où des milliers de cierges et de lataniers s'élèvent en colonnes, se courbent, s'unissent en portiques végétaux, où le *protea* d'Afrique fait briller ses feuilles d'argent sur l'or des genêts qui, entourant sa base, forment avec lui des pyramides magiques, bondissent des troupeaux de buffles agiles, de chèvres bleues et tachetées, de gazelles errantes; mais parfois aussi le rugissement du lion et de la panthère retentit sous ces palais de verdure; des bandes de chiens sauvages, plus féroces qu'eux peut-être, et semblables aux *mebbias* (1) de ce pays, y portent la terreur et le carnage.

C'est dans cette vallée qu'une peuplade de Hottentots, de la nation puissante des *Hessaquas*, transporta ses huttes et ses richesses, sous la conduite de son capitaine Ruyter. Susoa était le nom véritable de ce chef; mais pour l'amour seulement des liqueurs d'Europe, ayant presque trahi ses compatriotes, il s'était soumis

(1) Le *mebbia* du Congo est le destructeur acharné de tous les autres quadrupèdes.

à la protection des Hollandais, avait été contraint d'adopter le nom d'un de ses patrons, et avait reçu, pour marque distinctive de son pouvoir, un bambou des Indes, surmonté d'une tête de cuivre doré, sur laquelle étaient gravées les armes du gouvernement du Cap.

D'un caractère audacieux et vigilant, en peu d'années le capitaine Ruyter rendit son *kraal*, ou village, l'un des plus considérables de la Hollande hottentote. Il avait accoutumé ses sujets à l'activité, chose fort rare chez ces peuples, qui font de la paresse leur seule divinité, et dont la maxime commune est que travailler c'est souffrir, et que penser c'est travailler. On trouvait parmi ceux-ci des forgerons, des potiers, des tanneurs, des ouvriers en ivoire et des cordiers; aussi l'aisance se faisait-elle sentir partout. Au lieu de ces huttes basses, étroites et enfumées, dans lesquelles des familles entières s'entassaient dans les autres kraals, ils en avaient de spacieuses et de commodes, garnies de nattes, approvisionnées des ustensiles nécessaires pour préparer leur nourriture. Chacun des habitans possédait le krosse (1) pour se couvrir, les bottines de cuir pour aller à la chasse, le kirri, le rackum et l'assagaie (2) pour combattre ses ennemis, la flûte et le gom-gom (3)

(1) Le *krosse* est un manteau fait de peaux de mouton, qu'ils portent, la laine en-dedans.

(2) Le *kirri* et le *rackum* sont deux bâtons armés de fer ou d'os pointus; l'un sert à l'attaque, l'autre à la défense; les Hottentots les portent habituellement à la main. L'*assagaie* (ou zagaie) est la lance des peuples africains, comme le rackum en est le javelot.

(3) Espèce d'instrument dont la corde traverse un tuyau de plume. Le musicien applique ce tuyau à sa bouche, et, par son souffle, en tire des modulations assez agréables. Il y a le grand et le petit *gom-gom*. Kolbe pense qu'on

pour danser après la victoire. A leurs bras, trois anneaux d'ivoire servaient à suspendre le sac de provisions et un petit morceau de bois, brûlé par les deux bouts, appelé *susa*, et qu'ils regardent comme un préservatif contre tous les sortiléges. Enfin, le plus pauvre pouvait se procurer encore (ce qui est le comble de la richesse pour les autres Hottentots) une pipe, du tabac, un couteau et une hache.

Mais peu d'entre eux s'adonnaient volontairement à la vie pastorale, qui entraînait plus de fatigues et de dangers; car les lions visitaient souvent leurs pâturages. Les *bakeleyers*, espèce de taureaux dressés à la guerre et à la garde des troupeaux, savaient ramener dans la

---

pourrait perfectionner cet instrument en Europe. André Sparrman le nomme *t'koi-t'koi*.

(X.)

plaine la brebis qui s'écartait, rassembler les bestiaux et les défendre de l'approche des étrangers; mais le cri terrible du lion les rendait aussi tremblans que les agneaux qu'ils étaient chargés de protéger.

Ruyter ou Susoa, comme on voudra l'appeler, apprit dans ce temps qu'une troupe de Hottentots-Boshis s'était fixée à quelques lieues de son kraal, dans l'épaisseur d'une vaste forêt, et il résolut de s'emparer, par force, des plus jeunes de la bande pour leur confier le service dangereux auxquels ses sujets semblaient se refuser.

Vous ignorez sans doute, grand roi, ce que sont ces Hottentots-Boshis, ennemis de toute dépendance, habitant les bois et les montagnes arides. La chasse et le pillage, voilà leurs seules occupations: des chairs saignantes arrachées et divisées avec leurs ongles larges et tranchans, des fourmis et des sauterelles séchées au soleil voilà leur nourriture; un bâton pointu de bois de fer, un roseau armé d'un caillou tranchant, voilà leurs assagaies et leurs flèches; une branche d'arbre creusée et dont souvent il ne reste que l'écorce, fermée aux deux extrémités par la peau d'un serpent, leur sert de carquois, et quelque crevasse de rocher, ou les entrailles d'une bête féroce, telle est leur sépulture.

Aussitôt en âge de lancer un trait, ils font serment, sur la tête de leurs vieillards, de ne jamais tourmenter la terre pour la contraindre à les nourrir, de ne point avilir leur dignité d'homme jusqu'à se faire les gardiens d'animaux, nés libres comme eux, et qui ne peuvent leur appartenir que par le droit de la guerre.

Malgré cette existence précaire et sauvage, ces peuples ne sont ni cruels ni trompeurs. Vaincus et conduits en servitude, ils essaient de recouvrer leur liberté sans jamais profiter de leur fuite pour dérober à leur maître le moindre objet, fût-il même nécessaire à leur subsistance. Quelques uns cependant, envieux d'une vie plus paisible, sous les ordres d'un roi qui n'a d'autres droits sur son peuple que de se dévouer toujours le premier pour la cause commune, vont dans les solitudes de l'Afrique mettre leurs petites sociétés à l'abri de la férocité des Cafres, ou de la tyrannie des colons du Cap.

C'est sur une de ces dernières peuplades que le capitaine, suivi d'une troupe nombreuse des siens, bien armée, tomba tout-à-coup à l'improviste. Les vieillards, et ceux qui opposèrent le plus de résistance, furent impitoyablement massacrés, dès que Ruyter, se saisissant fortement par les cheveux, eut fait entendre le cri de mort. Le reste fut garrotté et conduit à travers les sables brûlans jusqu'au kraal, où leur arrivée devint le signal d'une fête génerale, pendant laquelle le vainqueur ne manqua point de boire largement en signe de réjouissance.

Amahoté, roi de ces pauvres Hottentots-Boshis, ainsi que sa femme et un enfant allaité par cette dernière, était au nombre des captifs. Ils échurent en partage à un forgeron qui, par sa dureté et les travaux pénibles auxquels il les employa, rendit leur esclavage plus insupportable et plus humiliant encore que celui de leurs misérables compagnons. Une tentative d'évasion que fit Amahoté peu de temps après, et que devait seconder un grand nombre de prisonniers, fut le résultat de cette conduite barbare. Mais, arrêté près du Palamit, on le mena devant Ruyter, qui, pour effrayer par son exemple ceux qui voudraient l'imiter, après avoir ordonné qu'on l'attachât à un pieu, au milieu de la place circulaire du kraal, le fit expirer sous les coups redoublés du *samboc*, fouet déchirant composé des lanières du cuir de rhinocéros ou de vache marine.

La reine en mourut de saisissement et de douleur. Le forgeron dont la cruauté était la cause première de cette double catastrophe, en ressentit aussi le châtiment ; car il était privé de ses esclaves, et de plus, ils laissaient leur fils encore à la mamelle, qui ne pouvait que lui causer un grand embarras. Son caractère ne se démentit point dans cette occasion : il invoqua, pour s'en débarrasser, une ancienne loi du pays, ordonnant de jeter vivant dans la fosse de sa mère, tout enfant qui réclamait encore ses soins et son lait. La réclamation reconnue juste, le jour suivant fut désigné pour l'exécution de cette lugubre cérémonie.

Déjà la foule, avide d'un tel spectacle, contemplait avec une douloureuse curiosité ce faible orphelin dont la terre allait étouffer les derniers soupirs; déjà un bras cruel le saisissait, lorsque le fils unique de Susoa, âgé de quatre ans au plus, poussant des cris lamentables à la vue de cet hymen odieux de la vie et de la mort, se jeta, saisi de terreur, sur le sein de son père, et par ses pleurs, ses prières, son désespoir, obtint la grâce de l'innocente victime. Susoa offrit au forgeron un bélier noir pour lui faire renoncer à son droit de propriété sur la pauvre petite créature, et non seulement la prit sous sa protection, mais il lui tint lieu du père dont il l'avait privé.

Pharaoh était le nom du fils de Susoa; Tamus le nom du fils d'Amahoté. Tamus et Pharaoh furent élevés ensemble. Confiés aux soins des femmes, ils apprirent avec le temps cette langue si bizarre et si difficile dont n'approche aucun parler humain, et qui, par son sifflement, son croassement, ses cris aigus, ses sons inarticulés, semble être la liaison naturelle entre le langage des hommes et celui des animaux. Grâce à leurs institutrices, ils surent bientôt coudre, tisser et même teindre les étoffes, talens communs à tous les Hottentots. Plus tard, elles les instruisirent des usages et des traditions des ancêtres, des cérémonies et des lois de la nation, dont elles sont les dépositaires. Tous deux cependant sentaient se développer leurs forces. Tamus, plus jeune que Pharaoh, trouvait en lui un guide et un protecteur. Parfois franchissant les frontières du kraal, ils parcouraient les rivages du Palamit pour ramasser quelques petits coquillages dont ils se faisaient ensuite des ornemens. N'osant s'aventurer dans les bois, ils en visitaient souvent la lisière; surprenaient l'édolio dans son nid, forçaient la retraite d'un cheval sauvage, ou recueillaient dans le creux des rochers le miel délicieux qu'y déposent les abeilles de ce pays.

C'est ainsi que se forma leur amitié presque fraternelle. Leur caractère cependant s'accordait peu. Pharaoh, indolent et faible, était dans le fond du cœur avide de plaisirs et de domination. Tamus, vif, ardent, généreux, redevable de la vie à son jeune compagnon, se soumettait à toutes ses volontés pour lui prouver sa reconnaissance. Il en résulta que, dans la suite, le fils du capitaine s'exagérant à ses propres yeux la force de l'obligation que devait lui avoir l'orphelin des Boshis, s'accoutuma à ne voir en lui qu'un serviteur dévoué qu'il honorait de son amitié protectrice.

Enfin le jour vint où ils devaient quitter la société des femmes pour être admis dans celle des hommes. Les habitans du kraal s'assirent en cercle au milieu de la place ; le *Sury*, à la fois médecin et prêtre, comme le *Ganga-Négombo* de cet immortel royaume, proposa l'admission des postulans, et après avoir recueilli les voix de l'assemblée sur eux, alla les chercher avec pompe, et les déclara admis au rang des hommes, dignes de ce nom. « Montrez désormais, leur dit-il, la prudence du caméléon, dont le double regard veille à la fois devant et derrière lui; acquérez la force du lion pour combattre vos ennemis, et la vigilance du *knorhaau* (1) pour sauver vos amis du péril. Évitez surtout la présence des femmes, comme celle du serpent. » Les ayant fait tenir alors accroupis sur leurs jarrets, il arrosa de son urine leurs cheveux enduits de graisse et de suie, et ajouta : « Maintenant levez-vous; soyez heureux, vivez

---

(1) Aussitôt que le knorhaau aperçoit un chasseur, il pousse un cri pour avertir les autres oiseaux de se mettre sur leurs gardes.

long-temps, croissez, multipliez, et puissions-nous voir bientôt votre barbe paraître! »

Ce fut vers cette époque qu'une nouvelle colonie de la même nation des Hessaquas vint s'établir non loin de celle-ci. Des députations furent envoyées de part et d'autre pour entretenir des rapports de commerce et d'amitié. Une de ces députations était présidée par le fils d'Amahoté, qui, à peine arrivé dans le kraal voisin, se sentit surpris d'un amour violent pour une jeune Hottentote bien capable d'inspirer une telle passion; car son physique et son costume devaient réunir tous les suffrages de ses compatriotes. Son teint, comme celui des habitans de ces contrées, était olivâtre foncé, ses yeux noirs et perçans, ses lèvres fortes et d'une couleur vive, sa taille légère et bien prise. Elle portait sur ses cheveux, saupoudrés de buchu (1), un estomac de bête féroce, colorié en noir, en guise de bonnet, bordé d'un double rang de petits coquillages et d'une bande de peau de buffle dont le poil brun ressortait en dehors. Une courroie de cuir qui lui entourait le cou était chargée des mêmes ornemens. Un triple tablier de peau graissée lui serrait la taille (2), et le grand nombre d'au-

(1) Le *buchu* est une poudre jaune que les Hottentots obtiennent en recueillant les feuilles du *spiræa africana*, lorsqu'elles commencent à se flétrir, et en les réduisant en poudre après les avoir fait sécher au soleil. (X.)

(2) C'est ce triple tablier qui a donné lieu à tous les contes débités sur les dames hottentotes et sur les excroissances cutanées qui leur servaient de voile pudique et naturel. Le jésuite *Tachard*, qui, par respect pour sa robe, avait sans doute examiné la chose fort légèrement, est le premier qui répandit ce bruit absurde, répété ensuite par la foule des compilateurs sédentaires qui aiment mieux croire que d'y aller

neaux dont ses bras et ses jambes étaient entourés l'aurait fait reconnaître pour appartenir à l'une des premières familles du pays, quand bien même elle ne se fût point marqué le visage d'une raie noire, comme toutes les femmes de haut rang.

Tamus s'informa de son nom. « Mon nom est Néalée, » lui répondit-elle avec un doux sourire; car le jeune homme avait fait presque autant d'impression sur elle, qu'elle sur lui. Il lui présenta, pour lier connaissance, une belle pipe faite d'une corne d'élan, très bien travaillée, et qu'il avait reçue d'un des anciens sujets de son père, les autres Hottentots n'em-

oir, ou par ces voyageurs crédules et pressés qui n'ont que le temps de faire la traversée et de raconter ce qu'ils ont entendu dire. Il en est à peu près de même de la semi-castration des Hottentots, encore attestée par quelques voyageurs modernes, et qui n'a plus lieu chez ces peuples depuis nombre d'années.

ployant que le bois dans la construction des leurs. Néalée sourit encore, accepta, et lui présenta à son tour un petit vase rempli d'eau-de-vie. Tous deux alors s'assirent à terre, burent et fumèrent ensemble, et leur liaison était déjà fort avancée lorsque Tamus retourna dans son kraal.

Son premier soin, en arrivant, fut de raconter à son ami l'agréable rencontre qu'il avait faite chez leurs alliés. Pharaoh l'en félicita, et, surpris des louanges sans nombre qu'il prodiguait à Néalée, il le pria de n'y retourner qu'avec lui, désirant, s'il était possible, trouver à aimer aussi dans le même lieu que Tamus; mais, durant plusieurs jours, le fils de Suson s'éloigna de si grand matin pour aller à la chasse, que son compagnon d'enfance ne put le rejoindre pour faire ensemble le voyage tant souhaité. Impatienté de son peu d'empressement, et brûlant du désir de revoir sa maîtresse, à laquelle il songeait nuit et jour, Tamus résolut enfin de partir seul. Il se mit en route sur-le-champ; et comme ses pas étaient engagés dans un étroit sentier de la forêt, il en vit l'extrémité interceptée par un énorme lion qui, assis, la tête haute et l'œil attentif, semblait vouloir lui disputer le passage. Bien qu'armé, comme à son ordinaire, de l'arc, du rackum et de l'assagaie, il ne crut pas prudent de s'aventurer contre un tel adversaire. Rebroussant chemin, il prit une autre voie, au bout de laquelle son lion lui apparut encore, immobile et dans la même posture. Sans cesser de diriger sa marche vers son premier but, un nouveau détour le fit pénétrer dans l'épaisseur de la forêt, dont il parvint à sortir, et non sans peine; car quoique enveloppé dans son krosse, et les jambes garnies de bandelettes de cuir, les ronces et les cactiers épineux avaient mis ses vêtemens en défaut et déchiré ses membres : mais il allait revoir Néalée! Un regard, un sourire allaient le dédommager de sa fatigue et de ses blessures. Revenu de sa terreur, il se hâtait de gagner à grands pas une montagne voisine, lorsque, entre deux rochers qu'il lui fallait franchir, le même lion, toujours assis, toujours immobile, pour la troisième fois s'offrit à sa vue. « Mort ou victoire! s'écria Tamus, je ne reculerai plus! A toi, bête fatale ; je porterai ta dépouille à Néalée, ou tes lionceaux voraces se partargeront la mienne. » Sa première flèche lancée ne fit qu'effleurer les flancs de l'animal superbe, qui, se relevant lentement, d'une démarche fière et dédaigneuse, marcha vers son agresseur. Un second trait le frappa à la gorge et la perça d'outre en outre; alors d'horribles rugissemens firent retentir les cent voix de la montagne; d'un saut il atteignit son ennemi, et, la gueule béante, les yeux en feu, s'élançait pour le dévorer, quand celui-ci, d'un coup d'assagaie, lui perça le cœur et l'étendit à ses pieds.

Couvert de la peau du monstre encore chaude et fumante, plein d'orgueil comme un vainqueur, plein d'espoir comme un amant, il s'avance vers l'habitation de la belle Hottentote, et soudain, dans le premier homme qu'il aperçoit, il reconnaît Pharaoh. « Ne va pas plus loin, lui dit celui-ci ; j'ai vu ta Néalée, je l'aime; renonces-y ou je mourrai. » Tamus resta stupéfait. Dans l'excès de sa douleur, il brisa le petit morceau de bois sacré suspendu à son bras, puis il répondit à son ami : « Je viens de tuer un lion qui, comme toi, ne voulait point me laisser approcher d'elle; mais je te dois la vie : je m'éloigne. Adieu; sois heureux. »

Instruit de son exploit dans la montagne, le capitaine Ruyter, lorsqu'il le vit de retour, voulut lui faire décerner les honneurs accordés aux héros qui, combattant seuls contre une bête féroce, sortaient triomphans de la lutte(1); Tamus refusa tout, s'enferma dans sa cabane et y passa la nuit à pleurer.

Pharaoh épousa Néalée qui pleura aussi. Pharaoh s'en aperçut, et lui dit : « Êtes-vous comme l'édolio, qui n'annonce le beau temps que par un cri de douleur ? » Pendant plusieurs jours cependant, ce ne furent que danses et que

---

(1) Ces honneurs consistent encore dans l'aspersion urinaire, en usage dans presque toutes les cérémonies hottentotes. Le doyen des habitans du village prend ensuite une pipe allumée, en tire quelques gorgées et la présente à un autre qui en fait autant. Elle fait ainsi le tour du cercle environnant le vainqueur ; après quoi, le tabac étant consumé, on lui en verse la cendre sur la tête, et, proclamé *héros du premier ordre*, il obtient la permission de porter dans ses cheveux la vessie de l'animal dont il a triomphé.

festins dans les deux kraals, les hommes sautant, bondissant deux à deux devant les femmes, qui, les yeux baissés, suivaient les mouvemens des danseurs sans jamais leur prendre la main ni les toucher (1); tandis que de grands vases, remplis d'un mélange de lait et d'eau, des élans entiers rôtis et découpés, des giromons, des œufs d'autruche et des fruits divers, invitaient les habitans à rassasier leur soif et leur faim.

Vers le soir on but, en l'honneur de la lune du vin, de l'eau-de-vie et de l'arack. La danse redoubla d'activité; les têtes s'exaltèrent, les rires bruyans, les cris, les trépignemens se firent entendre de tous côtés et allèrent toujours en crois-

---

(1) Peu d'accord sur ce point avec notre auteur, Kolbe prétend que les Hottentots, bien qu'aimant de passion la musique et la danse, ne font nullement usage de ces divertissemens à leur mariage. (X.)

sant, jusqu'à ce qu'on se fût aperçu que le capitaine Ruyter, étendu sur l'herbe, gorgé de chair et de boisson, donnait à peine un signe de vie. Tous ses parens se rassemblèrent aussitôt autour de lui, et, après que *Sury* lui eut en vain prodigué ses secours, ils poussèrent des clameurs horribles, s'arrachèrent les cheveux, se tordirent les bras, et frappèrent tous ensemble à coups redoublés sur le malade pour chasser de son corps l'esprit malin qui le tourmentait. Cependant, malgré les soins bienveillans de sa famille et de ses amis, le capitaine expira.

Dès le lendemain, délaissant les nouveaux époux, on ne songea plus qu'à la cérémonie des funérailles. Les parens du défunt, portant suspendues à leur cou des coiffes de mouton couvertes de buchu, et les habitans, la tête rasée par sillons, poussèrent des cris de douleur; et après avoir déposé le corps dans un trou qu'ils comblèrent ensuite de terreau de fourmilière, et sur lequel ils élevèrent un monticule de bois et de pierres, ils répétèrent *bo!* (père), en faisant des contorsions autour de la fosse; *bo! bo! bo! Susoa!* Et ce dernier adieu fini, les hommes et les femmes, rentrés dans leur kraal, formèrent deux cercles, qui reçurent tour à tour l'aspersion accoutumée. Après quoi, le Sury prit une poignée de cendres dans le foyer du capitaine, en arrosa les assistans prosternés, et chacun se retira chez soi.

Cependant Tamus regrettait toujours sa Néalée qu'il avait cédée à son ami; la mort du capitaine n'accroissait pas sa douleur; car il savait que Susoa avait été le meurtrier de son père et le destructeur de ses compatriotes. Il songeait à ces cruels événemens, lorsqu'il vit quelques esclaves Boshis s'approcher de lui, en prenant des précautions singulières pour n'être point vus. « Tamus, lui dirent-ils, nous avons tous résolu de profiter de la confusion causée ici par la mort de Ruyter pour ressaisir la liberté qui nous fut ravie trop long-temps. Les forêts et les montagnes ont encore des retraites pour nous recevoir. Viens avec nous; tu es le fils d'Amahoté, tu seras notre roi. — Je ne puis vous suivre, répondit Tamus; je dois la vie à Pharaoh, et les Hessaquas m'ont adopté pour un des leurs; mais que les déserts vous protégent. L'esclavage est le pire des maux. » Tous leurs efforts pour l'entraîner dans leur désertion étant inutiles, ils s'enfuirent seuls la nuit suivante, tandis que par l'ordre de Pharaoh, institué capitaine à la place de son père, on transportait le kraal à un autre emplacement (1), en suivant toujours le cours du Palamit.

(1) Il est d'usage chez les Hottentots d'en

Plusieurs d'entre les fugitifs furent ressaisis et livrés à Pharaoh, qui venait de prendre le nom de capitaine *Riébeck* ; celui-ci conseilla à leurs maîtres, pour se délivrer de toute inquiétude, de les vendre aux Namaquois qui entretenaient un commerce d'esclaves avec les habitans de Benguela. Son avis ayant été suivi, il en résulta pour les anciens possesseurs des Boshis une grande quantité de toiles de Guinée, de petits barils d'eau-de-vie, de verroterie et d'autres curiosités des Européens qui rachetèrent ces esclaves sur nos côtes. La vue de ces richesses excita l'envie et la cupidité de Pharaoh ; il voulait voir, disait-il, Néalée couverte de ces riches ornemens étrangers ; de plus, malgré l'exemple de son père, l'usage

---

agir ainsi à la mort de leur chef, et même quelquefois à celle d'un des plus pauvres habitans.

des liqueurs fortes était son plus doux plaisir, et fut bientôt sa passion la plus constante; car il commençait à ressentir une jalousie envieuse contre son ancien compagnon, qu'il croyait encore aimé de sa femme, et qui, plus robuste et plus adroit que lui, vainqueur d'un lion, avait toutes les vertus d'un chef, lorsque lui-même n'en possédait que le titre. Jugeant d'un autre côté qu'un capitaine de kraal ne pouvait se contenter d'une seule épouse. dans l'espace d'une année il donna deux rivales à la pauvre Néalée. Tamus, toujours son fidèle ami, crut devoir lui faire quelques observations sur le dédain dont il commençait à accabler celle qu'ils avaient tant chérie tous les deux; il lui démontra ensuite que l'état de prospérité qu'avait eu le kraal sous le capitaine Ruyter était loin de s'accroître sous le capitaine Riébeck; les troupeaux, principale richesse du pays, étaient livrés à la voracité des bêtes féroces. « Par la fuite de tes pareils, lui répondit Pharaoh qu'irritaient ses justes remontrances : mais s'il nous faut des esclaves, la guerre nous en donnera. Rassure-toi, ajouta-t-il en s'apaisant ; ils ne nous manqueront pas, et bientôt nous en aurons assez pour en revendre aux Namaquois. Avant peu, nos femmes marcheront sur les bijoux brillans d'Europe, et nous nous laverons les mains dans l'eau-de-vie. Quant à mes troupeaux, que demain le tigre les dévore, je les cède aujourd'hui aux *Sonquas* (1), qui me fournissent cent hommes pour m'aider dans mes entreprises. Va prépa-

---

(1) Peuplade hottentote qui vend ses services guerriers aux autres Hottentots, comme les Anzikis aux Congois, comme jadis les Scythes aux Grecs, les Gaulois aux Romains, les Écossais aux Français, comme aujourd'hui les Suisses à plusieurs souverains de l'Europe.

rer tes armes, Tamus, et cesse de t'occuper de brebis et de femmes. »

Effectivement les Sonquas arrivèrent; Pharaoh, sous le plus frivole prétexte, fit déclarer la guerre à une tribu de Cafres qui venait de s'établir non loin de la rivière d'Orange. En poussant leurs cris de guerre, les Hottentots les accablèrent d'une grêle de flèches et de rackums, parant avec le kirri les traits de leurs ennemis, qui, maîtres d'une hauteur, descendirent en hurlant sur eux, armés de poignards de bois de fer et de mâchoires d'éléphans dont ils assommèrent ceux qui osèrent attendre leur choc. Cependant la victoire ne se décidait pas; l'inexpérience de Pharaoh nuisait à tous les mouvemens de sa petite armée; en vain Tamus, secondé par les Sonquas, fondit sur les étrangers, l'assagaie au poing. Ceux-ci se dispersaient aussitôt et se ralliaient pour attaquer à leur tour. On résolut enfin de faire agir les *backeleyers*, ces taureaux belliqueux, qui, bien dressés, fondent sur l'ennemi avec fureur, le renversent, l'éventrent et portent le plus horrible désordre dans ses rangs. Mais ces affreux auxiliaires de Pharaoh, mal dirigés et n'épargnant que les habitans du pays auquel ils appartenaient, se jetèrent avec impétuosité sur les Sonquas, alliés de leurs maîtres, les culbutèrent et les mirent en pièces. Déjà Pharaoh, environné par une troupe de Cafres qui poussaient des hurlemens de rage et de vengeance, allait tomber sous leurs coups, lorsque Tamus vint à son secours et le délivra. Cependant poursuivis, réduits au plus petit nombre, les Hottentots s'enfuirent, et une lamentation universelle accueillit leur retour au kraal.

« Qu'avait-il besoin des Sonquas? disaient les uns; ne pouvions-nous vaincre seuls? Que ne laissait-il commander Tamus! disaient les autres; qui triomphe des lions aurait su triompher des Cafres. » Pharaoh entendit ces plaintes; son orgueil en fut blessé; elles étouffèrent dans son cœur la reconnaissance qu'il devait à son libérateur, et réveillèrent tous ses sentimens de jalousie. Pour se distraire, il passa la nuit à s'enivrer, et se réveilla le lendemain avec de nouveaux projets de guerre.

Les vieillards étant rassemblés par son ordre, il leur dit : « Le crocodile ne lâche sa proie qu'en expirant, rien ne saurait me faire renoncer à mes desseins. Nos troupeaux sont presque anéantis; eh bien! emparons-nous de ceux de nos voisins: saisissons ensemble le mouton et le berger; nous mangerons l'un, nous vendrons l'autre, et avec le produit de nos prisonniers, nous aurons des bracelets et des parures pour nos femmes, et de la liqueur de feu pour nous. »

Un vieillard se leva : « Que la lune cesse à jamais de t'éclairer de ses rayons si tu agis ainsi, lui répliqua-t-il. Nos ennemis étaient les Cafres, qui peut-être n'avaient point traversé la rivière d'Orange sans des projets hostiles; mais ils nous ont vaincus; ne pensons qu'à réparer nos désastres; plus tard nous songerons à la vengeance. » Pharaoh indigné courut réunir les guerriers qui avaient combattu la veille avec lui : « Je suis votre chef! vous me devez obéissance; les habitans du kraal de Néalée, ma première épouse, nous ont fait injure en ne nous prêtant point leur secours contre les Cafres. Leur cause était la nôtre; quoique affaiblis par notre défaite, nous leur sommes encore supérieurs en nombre; fondons sur eux, et qu'ils nous dédommagent des pertes que nous a fait éprouver leur lâcheté. » Déjà un murmure d'approbation s'élevait parmi ces hommes avides; Tamus l'interrompit : « Que demandes-tu, Pharaoh ? sans doute tu es notre chef, mais c'est pour nous protéger, comme tu le juras en recevant des vieillards le droit de commandement. Veux-tu nous entraîner encore dans une lutte injuste, dont le résultat serait peut-être notre entière destruction ? Veux-tu incendier la cabane où tu as trouvé une compagne, et vendre sa famille aux Namaquois ? — Pourquoi un étranger, un boshi, dit Pharaoh avec emportement, vient-il mêler ses intérêts aux nôtres ? — Je ne suis point un étranger ici, répondit son ami ; pour toi surtout, et j'ai parlé avec sincérité. — Un lâche seul craint la guerre. — Alors j'ai prouvé dans le jour qui enfanta celui-ci que je n'étais point un lâche. — L'autruche imite parfois le cri du lion. — J'ai contraint le premier de ces animaux à me servir de monture (1), et la peau du second est encore étendue dans ma hutte. —Pour oser lutter contre ma volonté, songes-tu à ce que tu es? — Mon père était roi, et je l'avais oublié; car j'ai refusé de régner sur ses sujets pour rester auprès de toi. — Ton père était esclave, s'écria le fils de Susoa, haletant de fureur, et le mien fut ton maître; car il t'échangea contre un bélier noir. Je succède à ses droits sur toi et j'en saurai bientôt faire usage. »

Le cœur gonflé de rage, il rentra alors à son logis, où il trouva Néalée en larmes. Instruite déjà des projets de son mari contre le kraal de sa famille, elle essaya de l'attendrir, lui rappela les services, le dévouement de son ami d'enfance; mais

(1) Quelques habitans de l'Afrique parviennent à se servir d'autruches comme de coursiers, et rien n'égale la vitesse de ces animaux.

la repoussant rudement, la frappant avec férocité : « Je connais tes sentimens pour le Boshi, lui dit-il; le plus petit des doigts de ta main est encore trop long, selon tes désirs (1). Ma mort ferait ton bonheur en t'unissant à lui ; eh bien! je vous unirai. »

Gagné par lui, le Sury déclara avoir surpris Tamus et Néalée en adultère. La loi les condamnait à la mort. Pharaoh exigea que ces soi-disant coupables fussent abandonnés à sa discrétion. Quelques esclaves, anciens gardiens de ses troupeaux, lui restaient encore; leur service lui étant devenu inutile par suite de son marché avec les Sonquas, il résolut de leur faire subir à tous le même sort; et dès le jour suivant, après avoir fait garrotter leurs

---

(1) Une femme hottentote veuve et qui veut se remarier, est forcée de se faire retrancher une phalange du petit doigt.

bras pour les priver de tout moyen de résistance, le monstre lui-même se mit en marche avec eux vers le pays des Namaquois pour échanger contre de la verroterie et des liqueurs, des serviteurs fidèles, une épouse innocente et le plus généreux des amis.

Lorsqu'ils quittèrent le kraal, la plupart des habitans les suivirent pendant quelques lieues en poussant de longs gémissemens. Enfin, sur l'ordre réitéré du capitaine, ils se retirèrent en donnant toutes les marques de la plus profonde douleur, et bientôt il ne resta plus avec lui que les gens chargés d'accompagner le cortége. Dès la fin du premier jour, Néalée pouvait à peine se soutenir; les feux terribles du soleil avaient épuisé ses forces, et chacune de ses plaintes retentissait dans le cœur de Tamus et le déchirait. Celui-ci marchait le front baissé, triste, silencieux; aucun soupir ne s'é chappait de sa poitrine, aucune larme ne mouillait sa paupière; il songeait aux moyens de se venger. Et cependant, lorsqu'il voyait celle qu'il avait tant aimée, qu'il aimait tant encore, souffrir et pleurer près de lui, et par sa faute (car s'il n'eût point sacrifié son amour au fils de Ruyter, jamais celui-ci n'eût été l'époux de Néalée); alors des convulsions de fureur enflammaient ses regards et faisaient se contracter toutes les parties de son corps: mais il domptait la violence de ses transports, en pensant que Pharaoh pouvait jouir de son supplice. Dans d'autres instans, presque assoupi par la lourdeur de l'air et l'effet d'une marche continuelle et monotone, son souvenir lui retraçait presque à son insu les jours heureux qu'il avait passés près de Pharaoh et sous sa protection fraternelle; et, bien que tout à coup alors le spectacle de ses maux présens vînt détruire ces douces images, il ne pouvait entièrement chasser de son cœur cette vieille amitié, si long-temps la source de toutes ses actions.

De son côté Pharaoh, monstre d'orgueil et d'avarice, avide de vengeance et de richesses, pour entretenir sa férocité, rappelait à sa mémoire les circonstances où l'adresse et la force de Tamus avaient été des motifs d'humiliation pour lui. Il ne se dissimulait point l'amour de Néalée pour son ancien compagnon, et cherchait à se persuader que l'accusation qu'il avait fait peser sur elle pouvait avoir quelque fondement. Calculant ensuite combien de jouissances il lui devait advenir de la vente de ses esclaves, et l'imagination éveillée par les boissons spiritueuses dont il faisait usage le long de la route, il se créait en idée, dans l'avenir, toute une existence de plaisirs, et ne songeait point à la fin de son père.

Cependant la caravane s'enfonçait dans

des plaines immenses, tantôt sablonneuses, tantôt rocailleuses, ou même couvertes de cristallisations salines, qui tour à tour brûlaient ou déchiraient les pieds des infortunés que conduisait l'impitoyable Pharaoh.

On franchissait une montagne couverte d'aspérités et de pointes de rochers, quand Néalée, succombant à la fatigue et à la douleur que lui faisaient endurer les plaies de ses pieds gonflés et ensanglantés, tombe enfin, meurtrie et sans mouvement, le visage sur la pierre. Tamus la croit expirée, pousse un cri; une force surnaturelle éclate tout à coup en lui : ses liens sont brisés; l'œil en feu, il poursuit Pharaoh, qui, saisi de terreur, fuit avec la rapidité de la flèche. Tamus l'atteint, le renverse d'un bras nerveux, et lui enlevant un large coutelas qui faisait partie de ses armes, avant que nul ne puisse lui porter secours : « Pharaoh, lui dit-il, j'ai abandonné pour toi des sujets et une maîtresse; je t'ai sauvé du péril, et tu m'as fait ton esclave pour me vendre. ependant, je te dois aussi la vie, et je res- ecterai la tienne; mais tu vivras couvert le mon sang. » Il se penche alors sur l'é- oux de Néalée, le tient fortement fixé ous lui, et soudain se plonge à lui-même e coutelas dans le cœur; et, tandis que haraoh se débat en hurlant sous cette orrible aspersion, il l'enlace dans ses bras, t rend le dernier soupir sur son sein.

Ainsi mourut et se vengea Tamus. Sa engeance fut terrible; car l'effroi et le emords troublèrent tellement l'esprit du hef indigne des Hottentots, que, possédé 'un délire furieux, il s'enfuit loin des iens, se roula dans le sable des déserts, our effacer les vestiges du meurtre. Afin 'anéantir ces traces fatales, se déchirant e ses ongles aigus, il croyait voir encore e ses propres blessures couler le sang de son ami. La vue de ce sang le poursuivait et redoublait ses remords; la force de ses remords le faisait se déchirer avec une rage nouvelle. Il ne recouvra sa raison qu'après être tombé dans un parti de Cafres, qui le traita lui-même en esclave et le vendit aux Grands-Namaquois.

« Et que devint Néalée? demanda le roi de Congo à son sage ministre. — Rentrée au kraal avec ses compagnons, elle y vécut sous la protection d'un nouveau capitaine, désigné par les Hollandais pour succéder à Pharaoh. — Quoi qu'il en soit, ton héros *Boshi* ne me paraît que bizarre. Pourquoi tant de reconnaissance pour un bienfait dont l'auteur s'ignorait presque lui-même? Qu'est-ce qu'une vengeance qui ne tue pas? Ce n'est point là un véritable Africain. Crois-moi, il devint fou avant l'autre. Le tigre va-t-il se déchirer les entrailles devant la hyène qui lui enleva ses petits? Le souvenir d'une ancienne amitié ne défend point de punir des injures récentes. Se venger est d'un cœur noble, et la mort seule d'un ennemi constate la vengeance. »

« Maître, dit Maëlo, le second exemple que je vais vous citer des effets de cette terrible passion vous satisfera plus sans doute. Le récit m'en fit frémir. » Et le roi prêta l'oreille de nouveau.

L'ALMAMY DE BONDOU.

Entre l'Océan, la Nigritie, le vaste désert de Sahara et la Haute-Guinée, se trouve une grande étendue de pays, traversée par deux fleuves fameux, le Sénégal et la Gambie (1); trois races princi-

(1) La Gambie porte dans ce pays le nom de *Bâ-Diman*; le Sénégal celui de *Zanagha* ou de *Baléo*, de *Bâ-fing*, de *Foura*.

pales occupent dans ce territoire un emplacement considérable. Ce sont les Yolofs, les Mandingues et les Foulahs (1), autrefois connus sous le nom d'*hommes rouges*. Ces derniers, confondus depuis long-temps par des mariages avec les peuples voisins, ont perdu leur couleur primitive. Il est résulté de ce mélange une classe d'hommes au teint de mulâtre, aux cheveux soyeux, aux lèvres plates, soumis à différens princes ou

---

(1) Ce qui augmente beaucoup la difficulté des études sur l'Afrique, c'est la multiplicité des langues de ce continent et les noms dissemblables donnés à chaque peuple par des voyageurs de pays différens. Ainsi les Foulahs sont tour à tour appelés *Foulis*, *Pholeys*, *Poules*, *Foulahs*, par Cadamosto, Labat, Brue, Moore, Barbot, Mungo-Park et Mollien, qui désignent aussi diversement les Yolofs sous les dénominations de *Jalofs*, *Jolloifs*, *Ghialofs*, *Oualofs* et *Yolofs*. (X.)

almamys (1). Dans leurs états nombreux, qui s'étendent depuis Sierra-Leona jusqu'à Tombouctou, séparés les uns des autres par des possessions étrangères, comme les grains de corail d'un chapelet le sont par des grains d'ébène, l'ancien culte des fétiches et celui de Mahomet sont professés également.

Messlaël venait d'être nouvellement élu almamy du royaume de Bondou, appartenant aux Foulahs, lorsque Boukari, siratick du royaume de Bambouk, envahit tout à coup ses états à la tête d'une nombreuse armée.

---

(1) Même observation que dans les notes précédentes. Chacun des petits rois de ces contrées porte un titre qui n'appartient qu'à sa race et à sa nation. Les Foulahs païens ont des *siraticks*, les Mahométans des *almamys*; les Mandingues des *mansas* et des *farims*, et les Yolofs des *damels*, des *bourbs*, des *tins*, etc.

(X.)

Encore alarmé de la conspiration des marabouts, prêtres mahométans, qui avaient tenté de détruire la domination des princes ses ancêtres, quoique en punition de leur soulèvement ils eussent tous été massacrés dans l'espace d'une nuit, Boukari, pour empêcher ses sujets de se laisser séduire par les partisans de cette religion, résolut de la détruire dans les royaumes environnant le sien. Il était à la tête d'un peuple nombreux et guerrier, possédait de grandes richesses, avait de l'astuce, du courage et des armes; il ne tarda pas à se rendre maître du royaume de Galam, qui confinait ses états au nord, traversa bientôt la rivière de Falémé qui le séparait du Bondou, et se présenta devant Fatteconda, capitale de l'almamy, avant que celui-ci eût pu songer à sa défense. Pour combler son désastre, les farouches Djalonkés, anciens habitans du pays, et dont les Foulahs eux-mêmes tirent leur origine, étaient unis par la croyance aux sujets du siratick. Ils descendirent de leurs montagnes inaccessibles où les sectateurs du prophète les avaient contraints de se retirer, et secondèrent les efforts de Boukari contre Messlaël.

Celui-ci, d'un caractère naturellement doux et timide, peu familiarisé encore avec le pouvoir et le commandement, et craignant de compromettre l'existence de son peuple, se résigne, recule devant son vainqueur, regrettant seulement que sa mère, qui alors habitait les bords ombragés du Nérico, ne pût l'accompagner pour lui adoucir les peines de l'exil. Il se retira vers le soleil, gagna le désert de Simbani, et là, seulement, songeant à son malheur, il se mit à pleurer. Cependant, avant de franchir la Gambie, qui, de ce côté, formait la limite du Bondou, il dépêcha un de ses serviteurs au siratick pour demander ce qu'il lui céde-rait en échange de son royaume. Le vainqueur répondit insolemment à ce message, en faisant remettre au malheureux almamy une paire de sandales de fer, et en déclarant que, jusqu'à ce qu'il ait fui assez loin pour les user entièrement, il ne serait pas en sûreté contre les flèches de Bambouk. Messlaël, désespéré, traversa alors le fleuve et se réfugia chez les Mandingues de Géba, espérant dans les jours qui n'étaient pas encore, et comptant pour son destin sur un saphi (1), en

(1) Espèce d'amulette, nommée encore *gri-gris*, *dominis* et *térés*. Il est à remarquer que beaucoup d'entre les habitans de la contrée dont nous parlons, portent des ornemens en forme de croix ; quelques uns même se font tracer ce signe sur le corps au moyen d'incisions profondes. L'idée de protection et de bonheur qu'ils attachent à ces objets, semble-rait prouver que dans des temps éloignés, la

forme de croix, que lui avait donné sa mère, et sur lequel était tracé un précepte de la loi de Mahomet.

Boukari profita habilement de la fuite du vaincu pour consolider sa puissance dans le Bondou. Il réunit dans un grand palavère (conseil public) les principaux sujets de l'almamy, les chefs de ses troupes, ainsi que ceux des Djalonkés, et leur dit : « Redevenons ce que nous étions autrefois; vous le voyez, les anciennes divinités de l'Afrique ont vaincu votre Mahomet. Si quelques uns d'entre vous tien-

---

religion chrétienne avait pénétré chez eux. L'Évangile, traduit en arabe et répandu avec adresse parmi ces peuples, y produirait peut-être des effets inattendus, qui ne pourraient tourner qu'à leur avantage, et donner de la solidité et des garanties aux relations que les Français de la côte entretiennent avec eux. Mais on ne songe aujourd'hui qu'à la conversion des Chrétiens. (X.)

nent encore fortement à ce démon à face blanche, eh bien, nous mettrons son turban et son livre au nombre de nos fétiches. Mais la chose s'est passée sous vos yeux; lui-même abandonna votre chef lâche et tremblant. Qui peut servir d'excuse à la fuite de ce faible Messlaël? La surprise? sa jeunesse? son inexpérience? Le lion naît les yeux ouverts : aussi votre almamy prétendu ne descendait pas de si noble race. Je l'ai chassé, je l'ai dû; car il n'était point fils du frère de votre ancien almamy (1). Un des féroces habitans de Maniana, qui se nourrissent de chair humaine, fut son père; il est le fruit du crime; nos dieux prendront soin de justifier ce que j'avance. Je mets mon

(1) Dans presque toutes les parties de ce continent, le neveu seul succède au pouvoir de son oncle. Les enfans du souverain rentrent dans la classe commune.

espoir en eux. Il vous a trompés, vous a livrés à ma colère; vous tous qui connaissez les pères de vos pères, et pouvez les nommer sans honte, consentiriez-vous à prendre pour vous gouverner le fils d'un koumi (1)? En lui obéissant encore, vous risqueriez de devenir semblables à ces êtres, jadis pareils à nous, mais qui, en punition de leurs fautes, habitent aujourd'hui les arbres des forêts, privés de la parole et couverts de poils affreux. J'en ai dit assez; je vous laisse y réfléchir.»

Pour appuyer ses discours sans preuves, le Mombo-Jombo, divinité terrible parmi ces peuples, et chargée de veiller à la fidélité des femmes, ne tarda pas à faire entendre ses cris dans les bois. Aussitôt, selon la coutume, toutes les épouses de Fatteconda se rendirent en hâte au Bentang (vaste enceinte, entourée d'arbres),

(1) Anthropophage.

chacune d'elles affectant un air de joie et de tranquillité pour écarter le soupçon qu'une telle visite pût la compromettre.

Parées avec soin, celles qui appartenaient à des kafirs (ou païens) étaient revêtues d'une pagne de couleur vive, qui laissait à nu leurs bras et leurs jambes entourés d'anneaux et de manilles d'étain ou d'argent. Les compagnes des buschréens (vrais croyans) se distinguaient par des grains de verroterie blanche entremêlés dans leurs cheveux, et par la plaque d'or qui brillait sur leur front.

Guéfoulbe, mère de l'almamy, prisonnière du siratik, fut par son ordre, conduite au milieu d'elles. Après les danses et les divertissemens d'usage, une grande rumeur annonça l'arrivée du Mombo-Jombo. Il parut tout à coup, poussant d'horribles clameurs, affublé d'un bonnet de paille, d'un masque et d'un vêtement faits d'écorce d'arbre. Après mille contorsions bizarres, il désigna de sa baguette la malheureuse Guéfoulbe, qui, par ce seul signe, condamnée comme coupable, fut attachée à un poteau, fustigée publiquement, après quoi elle fut déclarée esclave.

Messlaël apprit chez les Mandingues l'affront fait à sa mère et ne songea plus qu'à la venger. Il chaussa les sandales de fer, présent de Boukari, jura de les user en poursuivant sans relâche l'exécution de son projet; et cet homme qui avait pu quitter l'autorité avec tant d'insouciance, au récit de son nouveau malheur devint un héros plein de résolution dans l'ame, d'activité dans la tête, de force dans le corps.

Les habitans de Géba semblaient plaindre son sort et avaient promis d'armer en sa faveur; il se rendit à la case du mansa (souverain du pays), le trouva tenant à la main un balai, signe de son pouvoir; mais comme il s'approchait pour lui rappeler ses engagemens, l'air s'obscurcit tout à coup, la nuit interrompit le jour. Le mansa épouvanté s'écria : « Malheur! malheur! le gros chat vient de mettre sa patte entre la terre et la lune. » Aussitôt tout le peuple s'assemble pour éloigner la catastrophe dont il est menacé, en dansant en l'honneur de Mahomet au bruit de différens instrumens et des battemens de mains répétés. L'almamy attendit avec impatience la fin de cette scène; mais les esprits étaient changés à son égard, et le mansa lui dit : « Ta présence en ces lieux attire sur nous les menaces du ciel; sois heureux cependant; mais ta mère a été déclarée coupable par le Mombo-Jombo, et cette sainte croyance est née chez nous où elle est restée en honneur; ce serait attirer sur nos têtes mille malheurs épouvantables que de te protéger; sois heureux cependant. Mais nous t'avons d'abord accueilli comme ami, et tu ne voudrais pas, ainsi que l'éléphant, troubler l'onde qui t'a désaltéré. Adieu. Sois heureux. »

Victime de la bizarre crédulité d'un peuple qui conserve ses anciennes superstitions au milieu de sa ferveur pour son nouveau culte, le noble descendant des souverains de Bondou résolut de chercher des secours ailleurs. Il traversa de nouveau la Gambie, près de Pisania, pénétra dans le royaume de Salum, trop faible pour se lever seul en sa faveur ; et après s'y être fait des alliés, il entra dans la vaste contrée de Foutatorra, habitée par des Foulahs.

Le puissant almamy de ce royaume le reçut en frère et en souverain. « Je connais tes malheurs, lui dit-il, et ta mère sera vengée. » Députant aussitôt un envoyé vers Boukari, il lui fit présenter deux couteaux finement aiguisés, lui déclarant que s'il rendait à Messlaël son royaume de Bondou et mettait sa mère en liberté, lui, buschréen, avec l'un de ces instrumens, consentirait à lui faire la barbe, quoique le siratik fût kafir et descendant du meurtrier des marabouts; mais que s'il refusait de satisfaire à sa proposition, il se servirait lui-même de l'autre couteau pour lui couper la tête. L'envoyé ne revint pas. Pour appuyer ses menaces, une armée fut organisée par le chef de Foutatorra. La cavalerie était nombreuse et presque tous les hommes de pied possédaient un fusil. Messlaël, plein d'espoir, se mit à leur tête; mais, après quelques jours de marche, il fallut traverser un désert aride et sablonneux. Les soldats, épuisés de fatigue, commencèrent à murmurer; des guides inhabiles ou traîtres les égarèrent, et le découragement était général, lorsque la famine vint compléter l'horreur de leur situation au milieu de ces solitudes. Un grand nombre mourut de soif et de manque de nourriture; les autres se débandèrent de côté et d'autre, et Messlaël abandonné de tous eut besoin du souvenir de sa mère et de rappeler ses projets de vengeance, pour ne pas succomber lui-même.

Haletant, accablé, le désespoir dans l'ame, il gagna avec peine les bords du Sénégal qui alors le séparait du Sahara, et après avoir légèrement calmé sa faim avec quelques tomberongs (1), il tomba sur le sable, au pied d'un arbre et s'y endormit. Si quelque chose avait pu le distraire de ses idées et de ses douleurs, c'est le ta-

---

(1) Petites baies farineuses appartenantes à la plante que Linnée désigne sous le nom de *Rhamnus lotus*. Elle croît dans les terrains arides. (X.)

bleau qui frappa ses regards à son réveil. Au-delà de ce fleuve immense qui coulait devant lui, le grand désert étendait ses tapis blanchâtres dans un horizon indéfini qui se confondait avec le ciel. Des palmiers-siboas semblaient s'élancer à perte de vue; de gigantesques baobabs de cent pieds de circonférence, élevaient dans les airs leurs montagnes de verdure, sur lesquelles le pélican avait placé son vaste nid, tandis que de nombreux troupeaux d'éléphans et de girafes jouaient, passaient, repassaient entre leurs pesans rameaux courbés vers la terre. Plus loin, le géant des reptiles (1) faisait glisser ses innombrables anneaux sous les feuilles brillantes des calebassiers, chargés de fruits énormes; tandis que, près de la rive, de longs crocodiles étendus aspiraient les rayons

---

(1) Le boa.

du soleil, et que l'onde agitée était dominée tout à coup par la tête monstrueuse d'un requin. Enfin le fleuve, le désert, ces végétaux prodigieux, ces colosses vivans, tout était en proportion et présentait un spectacle inconnu au reste du monde et dont les yeux de l'homme ne peuvent être témoins que dans cette partie de l'Afrique.

Messlaël cependant en fut peu touché; il ne songeait qu'à sa vengeance, à ses espérances déçues, à l'espoir de les réaliser bientôt. Il prit la petite croix qui pendait à sa ceinture, la baisa en songeant à sa mère, et se disposa à faire un nouveau charme pour conjurer son mauvais destin. Cela fait, il atteignit le village de Podor, y loua une almadie (1), se

(1) L'almadie est la barque des nègres, généralement faite d'un tronc d'arbre creusé.

servant lui-même de la pagaie (1), et suivant ainsi le cours du Sénégal, jusqu'à ce qu'il fût arrivé dans les états du damel.

Il était dans le royaume de Cayor, chez les Yolofs. Il eut beaucoup de peine à parvenir jusqu'au damel; car ce prince, depuis ses rapports fréquens avec les Français (nation européenne qui a fondé quelques établissemens sur la côte), ayant augmenté ses richesses par le commerce, faisait peu de cas de cette vie simple et sans faste qui distingue encore quelques souverains de l'intérieur du continent. Il avait même à son service une troupe de Maures qui défendait l'entrée de sa topade (ou enceinte), dans laquelle étaient renfermées près de quatre-vingts cases. Messlaël, irrité des obstacles qu'il rencontrait pour s'approcher du roi, son

(1) Espèce de rame large et courte.

égal, ne pouvant être introduit dans son kalde (salle d'audience), sans se soumettre à un cérémonial et à des retards que son orgueil et sa soif de vengeance réprouvaient également, résolut d'aborder ce prince lorsqu'il sortirait pour respirer la fraîcheur du soir. L'occasion s'offrit plus tôt même qu'il ne l'espérait. S'avançant fièrement vers le damel, malgré l'attitude menaçante de son cortége basané : « Prince de Cayor, je suis l'almamy de Bondou; autrefois le frère de mon père offrit dans ses états un asile à des Yolofs malheureux; aujourd'hui un Foulah te demande ton assistance, non pour reprendre son autorité, mais pour venger sa mère. » Le damel, étonné de cette brusque apparition, se contenta d'abord de répondre : « Que Mahomet t'assiste! frère. » Et se rappelant alors les revers récens du fils de Guéfoulde, songeant à la distance qui séparait son royaume de celui de Bondou, il hésitait à répondre à son appel, lorsque tout à coup, frappant à grand bruit sur son tambour, et faisant résonner les clochettes d'argent suspendues à son bonnet et aux bords de ses vêtemens, un Guiriot, monté sur une autruche qu'il avait su dompter, traverse la foule qui environnait le damel, se place devant lui, et, feignant une de ces inspirations subites avec lesquelles ces poètes de l'Afrique savent si bien imposer le respect et l'attention aux Yolofs et même à leurs chefs : « Damel, dit le Guiriot, prête assistance au buschréen contre le kafir; Mahomet le veut. Le sort de l'almamy ne peut-il donc t'atteindre? Vous tous empereur, roi, dey, tin, brack, siratick, tonka, damel, bourb, mansa, almamy, ne pouvez-vous éprouver un sort pareil à votre tour? Le baobab cède facilement à la hache et à l'ouragan, l'ébénier émousse le fer et brave l'effort de la tempête. Souviens-toi que le Guiriot, comme le caméléon, a la langue aussi longue que le corps; si tu veux être loué par lui, commence par mériter la louange. »

Pour toute réponse, le prince de Cayor donna l'ordre à ses troupes de se tenir prêtes à marcher, et le Guiriot disparut. Les préparatifs étant terminés, le damel, vêtu d'une robe rouge, ornée de queues d'éléphans, et la tête couverte d'un bonnet d'osier, surmonté de petites cornes de gazelle, vint passer la revue de ses soldats; ensuite il souhaita une bonne réussite à l'almamy, lui tendit la main par trois fois, et se la passa sur le front; chacun en fit autant, et la guerre fut déclarée être commencée. On traversa les terres de Baol pour s'embarquer sur la mer et remonter la Gambie jusqu'à Pisania; mais le démon n'avait point encore assez fatigué la constance de Messlaël. A l'embouchure du fleuve, une violente tempête dispersa sa flotte et brisa ses almadies contre les rochers. Il ne se sauva, ainsi que quelques soldats yolofs, qu'en s'aidant des débris nombreux dont les flots étaient couverts.

Son nouvel espoir était détruit avec sa nouvelle armée; la famine le menaçait encore. Dans sa détresse, le ciel sembla venir un instant à son aide; la mer, en se retirant, avait rétréci le lit de la Gambie, et les mangliers qui croissaient sur ses bords étaient courbés sous le poids des huîtres qui alors, suivant l'impulsion des vents, se balançaient dans les airs avec un cliquetis continuel. L'almamy et ses compagnons échappés du naufrage, cueillirent des branches chargées de ce précieux aliment, et s'acheminèrent vers le territoire de Salum, où ils furent accueillis avec des cris de joie et des marques d'intérêt qui leur firent pendant quelques instans oublier leur malheur.

Là, les amis que s'était faits Messlaël en se rendant dans le Foutatorra, lui apprirent qu'un Guiriot yolof, en traversant le pays, monté sur une autruche, l'avait presque entièrement soulevé en sa faveur, par son éloquence persuasive et ses menaces au nom de Mahomet; qu'ensuite il s'était rendu de Salum dans le Wouilli, dont les habitans, voisins du Bondou et déjà menacés par Boukari, semblaient disposés à mettre un terme aux crimes de cet ambitieux.

A cette heureuse nouvelle, le fils de Guéfoulbe sent redoubler son ardeur et renaître son espérance. Il se met en route sur-le-champ en bénissant le Guiriot, et, peu de jours après, à la tête d'une armée de Mandingues du Wouilli, il atteint les frontières de ses anciens états, et se trouve déjà environné d'un grand nombre de ses fidèles sujets, accourus au-devant de lui pour le recevoir en triomphe. Son bonheur fut court. Les guerriers de Bambouk, soutenus et dirigés par les Djalonkés, à travers les détours des montagnes, le surprirent au milieu de sa joie, tombèrent à l'improviste sur son armée, et la mirent en déroute.

La fatalité s'attachait donc au sort du malheureux almamy de Bondou! La superstition, la famine, la tempête, la guerre, tout avait tourné contre ses généreux projets, mais sans pouvoir cependant les arracher de son cœur. Son désir de vengeance était moins usé encore que ses sandales de fer. Il ne compta plus que sur lui, sur son bras seul. Fugitif et s'enfonçant dans les forêts qui séparent le Wouilli des possessions du Bondou, il résolut d'attendre là le moment propice pour terminer par un coup de poignard sa vengeance et l'esclavage de sa mère. Dans la crainte d'être reconnu, il abandonna d'abord et cacha sous des broussailles les ornemens qui pouvaient accuser son rang ou sa religion; et de la liqueur extraite de l'arbre appelé komo (1), se teignit le corps et la figure de manière à ressembler plutôt à un noir Yolof, qu'à un Foulah au teint cuivré. Alors il se rapprocha de la plaine et côtoya les sentiers qui pouvaient le conduire à Fatteconda, résidence actuelle du siratick, ne se nourrissant que des fruits sauvages du dombock et du figuier. Et comme il n'était qu'à peu de distance d'un village, il en vit sortir un homme dont les gestes et la démarche annonçaient la plus grande douleur. C'était ce même Guiriot qui l'avait si puissamment secouru de la parole à Cayor, à Salum et dans le Wouilli, et dont la valeur avait éclaté sous ses yeux

---

(1) C'est le *pterocarpus draco*, d'où l'on extrait cette résine noirâtre connue en médecine sous le nom de *sang de dragon*. (X.)

pendant l'attaque imprévue de Boukari. Messlaël chemina d'abord quelque temps silencieux auprès de lui; puis affectant un ton d'indifférence qu'il était loin de ressentir : « N'étiez-vous point avec l'almamy de Bondou dans ce dernier combat où il fut vaincu? » Le Guiriot, surpris, regarda aussitôt autour de lui, recula de quelques pas, banda son arc, et répondit : « J'y étais.—C'est un ami qui vous parle, ajouta Messlaël; j'ai combattu dans les mêmes rangs que vous. Mais quel motif vous portait à prendre si vivement la défense d'un chef étranger à votre nation? — Je suis né dans le Bondou, répliqua le poëte du damel : mon père, banni de son pays, y avait reçu l'hospitalité de l'ancien almamy; mon enfance fut protégée par ce généreux prince; je voulais m'acquitter avec son successeur; mais ma reconnaissance est venimeuse, et mes embrassemens, comme ceux du boa, donnent la mort. En favorisant les projets de Messlaël, j'ai causé la perte de ce prince, et sans doute aujourd'hui sa tête suspendue dans la case du siratick en fait le plus bel ornement. — Comment? que voulez-vous dire? — Soldat de l'almamy, ignorez-vous donc qu'après sa victoire, Boukari fit sacrifier Guéfoulbe à ses dieux? » Ici un cri de douleur s'échappa de la poitrine de Messlaël, inondé d'une sueur froide; il fit craquer ses doigts avec violence (signe d'un profond désespoir chez ces peuples). Cependant il resta muet, et le Guiriot poursuivit : « Les frontières sont gardées, et Boukari, qui n'ignore pas que son rival est dans le Bondou, a juré par ses fétiches de ne point sortir de sa case avant d'y avoir cloué la tête de Messlaël. Mille émissaires répandus partout guettent une si noble proie; trente esclaves seront la récompense de celui qui l'apportera, et sans doute elle est déjà méritée. — Et quel est votre dessein? dit l'infortuné fils de Guefoulbe au Guiriot. — Je n'ai qu'une flèche: mais elle est empoisonnée, et mon coup est sûr : je la réserve au siratick. — Marchons donc ensemble; car mon poignard veut atteindre le même but. — Marchons, dit le Guiriot; vous fûtes peut-être l'hôte ou le parent de l'almamy; que cela soit ou ne soit pas, je vous seconderai : le chakal chasse parfois avec le lion. »

Après avoir évité soigneusement mille rencontres qui pouvaient être dangereuses pour eux, ils arrivèrent à Fatteconda, et guettèrent avec ardeur l'instant propice pour ajuster la flèche ou frapper du poignard. Mais Boukari, fidèle à son serment, ne quittait point l'enceinte de sa demeure; ce qui prouva au Guiriot que l'almamy vivait encore. Cependant, quoique la ville fût habitée par une population nombreuse, la présence de ces deux inconnus ne laissait pas que d'exciter la méfiance de quelques chefs de Bambouk. Messlaël sentit qu'il était temps d'agir, et se présenta avec son intrépide compagnon d'armes devant la topade du siratick. Une troupe de Djalonkés en gardait l'entrée : « Nous voulons parler au puissant siratick de Bambouk, de Galam, et de Bondou. — Quel sujet vous amène vers lui? leur demandèrent les soldats du kafir.—Nous l'avons débarrassé de son ennemi, et venons réclamer la récompense. — Je connais le fils de l'infâme Guéfoulbe, dit un Djalonké; montrez-moi sa tête; elle seule peut vous donner accès jusqu'à la case du siratick. »

Messlaël, entendant outrager sa mère, avait été saisi d'une émotion tellement violente, qu'elle faillit le trahir et le priver de l'usage de sa raison. Le Guiriot, s'apercevant de son trouble sans en deviner le motif, et sentant l'inutile danger qu'il y avait de rester plus long-temps dans ce repaire royal, déclara que le corps de l'ancien almamy avait été laissé par eux dans un bois où ils avaient surpris et immolé la victime; qu'ils sauraient bien retrouver la place et rapporter la preuve sanglante de leur dévouement aux ordres de Boukari.

S'éloignant alors, ils gagnèrent à la hâte, à quelque distance de la ville, un endroit écarté, où sous des gommiers en fleurs coulait un ruisseau d'eau vive. Le sone avec ses feuilles nombreuses et ses fruits en grappe, s'entrelaçant autour des arbres, pouvait les dérober à tous les yeux. Ils s'assirent pour songer à ce qui leur restait à entreprendre. Le Guiriot, le premier, rompant le silence : « Compagnon, si mes traits et la couleur de mon teint étaient semblables à ceux de l'almamy, je te prierais de me couper la tête et de t'en faire un moyen de passage pour arriver jusqu'à notre ennemi. » Messlaël se lève comme saisi d'un soudain transport, et l'entraînant avec vivacité vers les bords de la source : « Si ce prince malheureux, à qui tu voudrais sacrifier ta vie avec tant d'abandon et de dévouement, se présentait tout à coup ici, lui obéirais-tu en tout? — Eh quoi! répondit l'Yolof, connaîtrais-tu le lieu de sa retraite? — Lui obéirais-tu ? réponds. — Je le jure par Mahomet! — Eh bien, il est devant toi, regarde! » Et Messlaël, plongeant ses mains dans l'onde et s'humectant le visage pour en faire disparaître les traces de la liqueur du Komo, découvre aux yeux du Guiriot ses traits connus et le teint de sa race : « Maintenant, ami, lui dit-il, ce que tu eusses souffert, il faut l'exécuter; tranche-moi la tête et va la porter à Boukari. » L'Yolof recula épouvanté. « Almamy, je ne voulais frapper ton vainqueur que pour te rendre ton trône. — Je ne voulais le frapper, moi, que pour venger ma mère! Assure ma vengeance même aux dépens de ma vie; peu importe. — Je ne puis! — Tu juras de m'obéir, tu le juras par Mahomet; compagnon, mon unique et fidèle ami, si tu trahissais mon espoir, je n'en succomberais pas moins sous les coups de mon ennemi, et je mourrais déshonoré, et ma mère ne serait point vengée, et j'aurais manqué à mes sermens. Prends donc courage, exécute ma dernière volonté; je t'en conjure au nom de ton père, je te l'ordonne au nom de Mahomet. »

Le Guiriot alors se courba devant lui; Messlaël étendit les mains pour le bénir, et tomba bientôt le cœur percé d'un coup de poignard : son meurtrier en pleurant détacha la tête du tronc. Le soleil, dans ce moment, était arrêté au-dessus des états de Bondou; avant qu'il se fût plongé dans les sables du grand désert, le siratick avait vécu et Guéfoulbe était vengée.

Ici Maëlo termina son second récit. Le

roi ne paraissait pas encore entièrement satisfait. « Ton prince Foulah et ton poète yolof, disait-il, sont dignes d'admiration tous deux. Cette fois du moins la vengeance a tué, c'est vrai ; mais l'almamy n'était plus là pour en jouir. Si une panthère avait détruit tout un troupeau de buffles, à l'exception d'un seul, et que ce dernier allât se livrer encore à la voracité de son ennemie pour l'attirer dans un piége où elle succomberait, crois-tu que son exemple engagerait les autres buffles à se faire dévorer par des panthères, afin de s'en venger ? — Je n'ai point prétendu jusqu'à présent donner un exemple à suivre, répondit le ministre avec intention. — Les malheurs de Messlaël m'ont touché ; mais je crois qu'il a fini par devenir presque aussi fou que ton Hottentot Tamus. N'as-tu donc jamais été témoin ou n'as-tu jamais entendu le récit d'un acte de sévérité raisonnable dans sa rigueur ?

— Mon esprit ne conserve le souvenir que d'un seul. Ce fut une vengeance éclatante, prodigieuse dans ses effets et qui restera long-temps dans la mémoire des hommes.

— Reviens donc ici demain avant les rayons du soleil ; je veux la connaître. »

Délivré de la présence de son ministre, le roi donna des ordres secrets pour que le châtiment du duc Alvarès et de ses complices eût lieu dès le lendemain. Son plan de vengeance était formé, le bourreau choisi et les instrumens du supplice préparés. Enfin ce jour de sang se leva sur le Congo. Maëlo à l'heure indiquée, se présenta chez son maître : il n'ignorait rien de ses projets et de ses terribles dispositions; mais avant de lutter lui-même contre sa volonté toujours violente, il lui fit entendre ce dernier récit.

LE CHÉRIF DE MAROC.

Abdalla, l'un des fils du célèbre Muley-Ismaël, occupait avec gloire le trône de Maroc, lorsque son neveu, le jeune Muley-Bouffer, excita tout à coup à la révolte les royaumes de Suz et de Tafilet. Il accusait l'empereur de manquer aux préceptes du Coran, en n'observant point les jeûnes et les austérités indiqués par le saint livre, et en se nourrissant de viandes proscrites; de violer les lois de l'état, en protégeant ouvertement des étrangers et même des chrétiens, au détriment des naturels du pays; d'écraser ses sujets d'impôts pour combler de biens sa phalange noire, formée entièrement de jeunes esclaves achetés en Guinée, et qui sans cesse, croissant en insolence et en pouvoir, prétendait seule disposer du trône. A ces imputations vraies ou fausses, qu'il avait soin d'accréditer, il joignait encore des détails sur la vie privée d'Abdalla, sur ses débauches et ses cruautés.

Quoique le peuple, accoutumé au joug sanguinaire de ses maîtres, eût depuis long-temps semblé mettre les forfaits au nombre de leurs droits, ces bruits, répandus avec adresse, suffirent pour donner aux mécontens un motif de prendre les armes. Une armée se forma en faveur du jeune prince. Tafilet lui ouvrit ses portes. Le santon, fondateur de cette sainte cité, était apparu, disait-on, pour reconnaître bénir son autorité. Une foule d'Arabes le Bérébères, avide de sang et de pil-, quitta les vallées de l'Atlas et les du Sahara pour marcher sous ses nes.

Ceux-ci, prétendant être seuls les véritables observatenrs du Coran, qu'ils regardent comme une suite de la loi du Christ, se présentèrent devant Bouffer, et après l'avoir félicité sur son zèle pour la religion, les bras tendus du côté du soleil levant, ils invoquèrent pour lui le secours de Mahomet, de saint Augustin et de Jésus-Christ. (1)

---

(1) La race des Bérébères, répandue le long de la chaîne de l'Atlas, dans le Grand-Désert et dans le Bilédulgérid, se dit aborigène de ces contrées. Quelques auteurs la font descendre des Gétules, des Numides ou des Garamantes; d'autres la croient la postérité des Sarrasins qui, dans le septième siècle, envahirent le nord de l'Afrique. En tout cas, ces deux hypothèses expliqueraient l'aversion invincible existante entre elle et les Maures et les Turcs, dominateurs actuels de ce pays. Un grand nombre de tribus bérébères cependant vivent indépendantes. On trouve chez quelques unes des traces de l'ancien culte de Zoroastre; chez d'autres un reste défiguré de celui des Chrétiens, mais les Mahométans même, qui forment la majorité, ont un respect religieux pour saint Augustin, qu'ils nomment Cidi-Bélibeck et qu'ils prétendent être né à Tagost, ville considérable de

Les Arabes, à leur tour, précédés de leur chéik, se rangèrent autour du prince, qu'ils saluèrent des titres de grand chérif, héritier et descendant du prophète, de glorieux, très puissant et très noble empereur d'Afrique, roi de Fez, de Tafilet, de Suz, de Maroc, de Darha et de tout l'Alarbe, enfin des titres pompeux que prenait Abdalla. Ils lui déclarèrent ensuite qu'ils avaient consulté pour lui leur almanach et leurs autres livres astrologiques, et que Dieu se montrant tout-à-fait favorable à sa cause, ils lui pronostiquaient qu'il effacerait Salomon par sa sagesse, Karoun par sa magnificence, Giemshid et Akemptas par ses exploits et sa générosité, et que sous son règne seraient décou-

---

Suz. Jésus-Christ (ou plutôt Cidi-Nayssa) fut, selon eux, conçu dans le sein d'une vierge par le souffle d'Allah.

verts les antiques trésors enfouis dans la montagne de Miathir. (1)

Enivré d'espérances si brillantes, de pronostics qu'il dut croire certains, le prince fit aussitôt porter devant lui le parasol, meuble nécessaire à tous, mais dont les souverains de Maroc se sont seuls réservé l'usage, et il se prépara à marcher sur Méquinez, où son oncle se trouvait alors.

A la surprise générale, Abdalla semblait rester dans l'inaction, tandis que son rival dominait déjà plusieurs provinces de l'empire. Il députa enfin vers son neveu deux messagers chargés de paroles de

---

(1) La montagne de Miathir, dépendante d'un des embranchemens de l'Atlas, est célèbre parmi le peuple de Fez par les cent puits qui y sont creusés et que la superstition croit être habités par des génies souterrains, gardiens de trésors immenses. (X.)

conciliation, et ne reçut pour réponse que la tête de ses ambassadeurs. Chaque jour, cependant, des officiers transfuges de son camp, allaient grossir celui de Bouffer: tous avaient à se plaindre des injustices de l'empereur, et, environnant le nouveau souverain de caresses et d'adulations, l'affermissaient de plus en plus dans la certitude de son triomphe.

S'apercevant que le temps qui s'écoulait ajoutait à ses forces, le jeune usurpateur attendit tranquillement qu'elles s'accrussent encore par la désertion des troupes du chérif.

La chasse fut d'abord son seul délassement; mais il ne tarda pas à faire venir son harem à Tafilet: il l'augmenta même d'un grand nombre de femmes, dignes de la couche d'un souverain, par leur beauté et par leur grosseur (1). Pouvant satisfaire

(1) Pour obtenir cet état d'embonpoint si

à ses moindres désirs, presque assuré de l'avenir, il n'écouta plus que ses goûts et ses penchans, et se dépouillant de cette fausse austérité dont il s'était couvert pour parvenir à son but, il appela autour de lui la foule de ses anciens compagnons, de ses vicieux favoris, et passa les jours et les nuits à dissiper follement en fêtes et en plaisirs les trésors prélevés sur ses nouveaux sujets.

Tenant en main une guitare, seul trophée que les Maures conservent aujourd'hui de leurs conquêtes d'Espagne, il se plaisait à exciter lui-même la joie de ses convives, à s'enivrer avec eux de vins et de liqueurs, défendus par le prophète : « Mais, disait-il, je suis musicien, et Mahomet permet aux gens de cette profession

---

estimé de ces peuples, les femmes mêlent à leur couscous une certaine poudre provenant de la graine de l'*ellhouba.* Les dames maures ont une confiance entière en cette composition.

d'enfreindre ses lois contre l'ivresse : buvez, amis ; les raisins de Zalag (1) mûrissent pour nous ! » Souvent, la tête troublée par les vapeurs de cette boisson terrible, il se livrait à tous les excès de son violent caractère. Monté sur un de ces coursiers rapides, enfans du pays, il le dirigeait avec force contre les soldats isolés qu'il rencontrait sur son chemin, puis l'arrêtait tout à coup au moment de les culbuter (2) ; et si l'un d'eux témoignait la moindre frayeur, l'abattant d'un coup de cimeterre : « Je ne veux point de lâches dans mon armée ! » s'écriait-il. Bientôt ses excès en tout genre furent portés au comble. Les Arabes et les Bérébères ses

---

(1) Montagne située non loin de Maroc, dans la province de Fez.

(2) Cette façon d'aller au-devant des voyageurs est une politesse encore en usage parmi les jeunes seigneurs de Maroc.

alliés, indignés de sa conduite, des orgies continuelles et des meurtres fréquens dont il souillait sa vie, commencèrent à murmurer. Cependant ses rangs se grossissaient de plus en plus des mécontens du camp impérial. Il se dirigea enfin vers Méquinez, où Abdalla, disait-on, était encore enfermé, retenu par une maladie dangereuse.

A quelques lieues de Fez, une armée assez nombreuse sembla vouloir lui présenter la bataille; mais, dès le commencement de l'action, elle passa presque tout entière de son côté. Rien ne s'opposait donc plus à son élévation; encore quelques jours et l'empire de Maroc le reconnaîtrait seul pour son souverain. Cette espérance était d'autant mieux fondée qu'il venait d'apprendre par ses nouveaux alliés que son oncle Abdalla n'avait presque d'autres forces dans Méquinez que sa garde de Nègres, dont le général était fortement irrité contre lui, et qui l'aurait déjà abandonné s'il ne connaissait les mauvaises dispositions du jeune prince à son égard. Muley-Bouffer hâta sa course triomphale, résolu de profiter de cette circonstance, et son armée campa bientôt sur les rives du Sabron.

Située dans une vaste plaine, approvisionnée de munitions de toutes sortes, et entourée de hautes et solides murailles, Méquinez, séjour favori des chérifs, pouvait encore résister long-temps au vainqueur, qui pourtant contemplait déjà son immense palais, bâti à la mauresque, et dont les dômes somptueux dominaient toute la ville.

Impatient de prendre possession des richesses, des trésors entassés dans ce sérail, et de se délivrer d'un rival qu'il détestait d'autant plus qu'au fond du cœur lui rendant justice, il le savait plus digne d'occuper le trône que lui-même, l'imprudent Bouffer, sans s'étonner de la rapidité de ses succès, sans réfléchir sur la facile et universelle désertion de ces vieux bachas, renommés naguère par leur fidélité, de ces ministres, autrefois dévoués, et qui aujourd'hui, d'un accord unanime, abandonnaient leur maître pour se ranger sous les drapeaux d'un jeune téméraire, privé d'expérience et de vertus ; sans s'effrayer de les voir commander dans son camp et entourer sa personne, résolut d'employer les voies de la séduction pour attirer dans ses intérêts le chef de la milice noire, jugeant la chose aisée d'après les rapports qui lui avaient été faits.

A l'aide d'un soldat arabe, introduit secrètement dans la ville, un pacte fut conclu entre le prince et le vieux guerrier ; celui-ci s'engageait à livrer les portes de Méquinez et la personne du souverain, à la condition que les troupes nègres et leur général conserveraient les prérogatives qui leur avaient été accordées par Muley-Ismaël et ses successeurs. La condition acceptée et garantie, la place se rendit au jeune chérif. Il y pénétra pendant la nuit, à la tête d'une partie de son armée, presque entièrement composée des anciennes troupes de l'empire, pour ne point alarmer le peuple, qui s'aperçut à peine du nouveau chef qui les commandait.

Le prince apprit bientôt que, d'après ses ordres, son oncle arrêté tout à coup était retenu prisonnier dans son harem. Plusieurs chefs demandèrent avec instance qu'on lui laissât la vie. Un sourire insolent accueillit leurs prières, et sa mort ne fut différée que jusqu'au jour.

Dans une vaste salle tendue de bleu (couleur du deuil chez ces peuples), Abdalla, dépouillé des signes du pouvoir, ne portant même plus à son turban le ruban noir qui distingue tous les membres de la famille impériale, parut devant le vainqueur, le front soumis et le regard suppliant. Une double escorte de Maures et de nègres l'environnait, le sabre à la main, paraissant n'attendre qu'un signe de Bouffer pour répandre son sang. « Tu triomphes, dit Abdalla à celui-ci; crains d'abuser de ta victoire; mon trône ne te suffit-il point? et le premier acte de ton règne sera-t-il le meurtre de ton plus proche parent? — Vains discours! répondit le prince; tu dois mourir; le repos du peuple et ma sûreté l'exigent. — Accorde-moi la vie; je t'en conjure dans ton propre intérêt. Par ton exemple, enseigne à tes sujets futurs le cas qu'ils doivent faire des jours d'un souverain. Le coursier fidèle qui toucha la terre sacrée de la Mecque, ne peut recevoir le trépas de la main des hommes; le descendant et l'héritier du prophète sera-t-il donc moins respecté? — Abdalla, le coursier ne dément point la noblesse de sa race ; il sait braver la mort ; emprunte-lui son courage et sa résignation ; car, comme il est vrai que la lune enfanta les étoiles, ta dernière heure a sonné. — Mes prières ne te fléchiront-elles pas ? — Jamais ! » Et déjà il s'apprêtait à donner l'ordre fatal, lorsque de l'un des minarets de la ville, qui s'élevait à la hauteur de la salle du jugement, il entendit le talbe prononcer ces paroles en hissant le pavillon bleu : « *Peuple, priez pour le prince Muley-Bouffer, qui va mourir.* » A ces mots, le prétendu vainqueur se trouble, pâlit, et, tandis qu'une pensée subite lui révèle le piége où il est tombé, la trame dont il est enveloppé, les soldats, qu'il crut ses complices, se jettent sur lui, le désarment et l'amènent aux pieds d'Abdalla, qui, se débarrassant du large manteau de deuil dont il s'était couvert, se montre enfin dans tout l'éclat de son rang, et la main sur son poignard.

« Abaisse ton orgueil, roi de Suz et de Tafilet, puissant dominateur de l'Atlas et du Sahara, conquérant des états de Fez et de Maroc, lui dit le fils d'Ismaël avec un regard de dédain. S'est-on assez joué de ta toute-puissance ? Tu pris tes vainqueurs pour des sujets soumis, tes gardiens pour des courtisans, et ta captivité pour un triomphe. Tu t'es cru digne de me disputer l'empire, et, sans sortir de mon palais, sans risquer la vie des miens, je t'ai contraint de venir toi-même te livrer en mon pouvoir. Et à quel titre, dis-moi, tant de braves gens auraient-ils été s'enrôler sous tes étendards ? Quels étaient tes projets ? les connaissais-tu toi-même ? Quels étaient tes moyens de réussite ? tu n'avais rien prévu. Quel espoir pouvaient offrir ton caractère et tes vertus ? Sujet révolté, meurtrier de mes ambassadeurs, tu m'accusais de violer à la fois les lois de l'état et celles de la religion, et tes jours s'écoulaient dans les débauches, et tes débauches coûtaient la vie à tes défenseurs; c'était du vin et du sang qu'il te fallait pour tes plaisirs. Je t'ai forcé de me justifier, par ta conduite, de tous les torts que m'imputait ta bouche menteuse. Tu dois prévoir ton sort, Bouffer, car toi-même tu t'es condamné; c'est par ton ordre que le supplice est préparé, que ces esclaves attendent une victime le cimeterre à la main. *Tu dois mourir; le repos du peuple et ma sûreté l'exigent.* Quand je t'ai demandé grâce, tu me l'as refusée. J'ai prié, j'ai conjuré; ton ame fut insensible. Les tortures et les supplices ne suffisent point encore à mon cœur calomnié, outragé, déchiré par toi. Tu peux mépriser l'existence et la douleur, mais ma vengeance sera plus pesante que tu ne le penses. Coursier de noble race, arme-toi donc de courage pour entendre ton arrêt.

Tu as voulu mon trône, tu as voulu ma vie, et je te pardonne, fils de mon frère. Vis libre, vis heureux dans le gouvernement de Tafilet, que je t'accorde en souveraineté. Puisse ce don n'être point un châtiment pour les habitans infidèles de cette province ! Maintenant, Bouffer, voyons lequel de nous deux est le plus digne de régner. »

Telle fut la mémorable vengeance d'Abdalla, que le peuple de Maroc place encore au nombre de ses plus grands princes. La fin de son règne cependant ne laissa pas que d'être souillée par des actions honteuses; mais sa générosité envers Muley-Bouffer protégea son trône pendant toute sa vie, et sa mémoire après sa mort.

Ce dernier récit de Maëlo avait produit un grand effet sur l'esprit du roi. Il ne fit cette fois aucune observation à son ministre sur ce qu'il venait d'entendre; mais il le quitta pensif et les yeux humides

Déjà le jour précédent, par son ordre, le grand conseil des Gangas s'était rassemblé. Ces prêtres du fétichisme avaient en secret favorisé la rébellion du duc Alvarès, dans l'espoir de voir s'anéantir entièrement dans le Congo le culte des chrétiens, que le roi seul, par son exemple, faisait respecter encore de ses sujets. Raffiné dans ses vengeances, c'était sur eux qu'il s'était reposé pour la condamnation de son frère, persuadé qu'ils chercheraient, par la rigueur de leur jugement, à écarter les soupçons qui planaient sur leur complicité. Bien plus, faisant venir près de lui l'anziki de sa garde, séduit et chargé par son frère de l'assassiner, il lui avait accordé sa grâce à la seule condition qu'il serait l'exécuteur de l'arrêt rendu contre le duc. Ces dispositions barbares étaient faites, lorsque l'histoire d'Abdalla lui fut racontée par le philosophe à face noire. Il se rendit aussitôt à la place du Champ-Vert, où tout le peuple, déjà rassemblé, attendait dans un morne silence le résultat de ce grand acte de justice.

Les Gangas étaient présens; l'anziki, les bras nus, entouré de haches, de mortiers, de réchauds, de coutelas, se disposait avec calme à remplir son épouvantable office. On voyait près de lui, dans une cage de fer, un énorme lion dont Alvarès avait depuis long-temps fait son fétiche et son génie protecteur. Environné de sa famille au désespoir, de ses femmes pâles et glacées de terreur, le duc enchaîné parut bientôt, témoignant par son sourire hautain et par sa démarche assurée, qu'il saurait braver les supplices.

Les cheveux hérissés en petites tresses serrées, garnies de grains de verre de toutes couleurs, le grand Chalonc, premier pontife de l'idolâtrie, se leva alors et prononça l'arrêt suivant : *Moi*, *Chalone* (1), *assisté du Ganga-Negombo*, *du Ganga-Negosei*, *du Ganga-Népindi*, *et autres interprètes de nos dieux immortels*, *je condamne Alvarès*, *duc de Bam-*

---

(1) Parmi les Gangas, le *Chalone* tient la première place; il a le droit d'infliger, de sa seule autorité, la peine de mort aux Congois convaincus d'attentat contre la religion. D'après les idées des sectateurs des fétiches (ou *mokisses*), comme le Chalone ne doit point mourir de mort naturelle, lorsqu'il tombe grièvement malade, son successeur a le droit de le tuer.

Le *Negombo*, ainsi que nous l'avons déjà dit, pratique à la fois la sorcellerie et la médecine.

L'office de *Negosei* est de faire parvenir aux dieux les désirs de leurs adorateurs pour tout ce qui regarde les haines, les jalousies, les vengeances, etc.

Le *Népindi* se charge de faire venir le calme ou l'orage, la sécheresse ou l'humidité.

ba, pour avoir voulu attenter à la vie et à la puissance du magnifique souverain des royaumes de Congo, de Loango, d'Angola, de Cacongo, d'Ambodos, de la merveilleuse rivière de Zaïre, etc., à être témoin du sacrifice sanglant qui va être fait à nos dieux de ses femmes et de ses enfans; à avoir les yeux et les dents arrachés, les pieds écrasés et brûlés, les mains hachées et jetées au lion, son mokisse, et le reste du corps livré aux pismires.

A l'audition de la sentence, le peuple frémissait d'horreur. Maëlo, éperdu, cherchait à lire dans les regards de son maître, qui semblait éviter les siens. Alvarès, affectant un sang-froid imperturbable, se contenta de répondre du ton le plus indifférent au grand Chalone : « Cela peut s'endurer. »

Enfin le roi se lève à son tour et dit : « Alvarès, voilà ce qu'ont décidé les Gangas, dont la plupart t'ont poussé à la révolte ; voilà ce que doit exécuter l'esclave qui promit de te livrer ma tête ; voilà quelle offrande doit recevoir le lion, monstre divinisé, dont tu attendais ta gloire et ton bonheur. Mais ce soldat perfide, ces prêtres imposteurs, prodigues de ton sang, ne sont que tes complices, et moi je suis ton frère et je suis chrétien. Comme frère, je te pardonne ; comme chrétien, je répondrai à tes offenses par des bienfaits. Retourne à Bamba.... » Le roi ne put achever, car le superbe Alvarès était déjà à ses pieds et les baignait de larmes. « Mon roi! mon frère! s'écriait-il au milieu des sanglots, tu m'as vaincu, tu m'as soumis. Mon courage résistait au supplice, il est tombé devant une de tes paroles. Fais de moi ton esclave! mon cœur ne peut suffire à tant de reconnaissance! qu'il me serait glorieux de te servir! qu'il me serait doux de mourir pour toi ! » Le roi le releva et le serra dans ses bras ; puis, se tournant vers Maëlo : « Tu m'as appris à me venger, lui dit-il ; je te dois le plus doux instant de ma vie. »

FIN DU SECOND VOLUME.

TABLE DES PIÈCES

CONTENUES DANS LE SECOND VOLUME.

FIN DE LA TABLE.

Nouveautés.

COLLECTION DE RÉSUMÉS GÉOGRAPHIQUES, ou Bibliothèque portative de *Géographie* physique, historique et politique, ancienne et moderne; sous la direction de M. le colonel Bory de Saint-Vincent, correspondant de l'Institut, etc.

Les Résumés géographiques de *la France*, de *l'Angleterre*, de *l'Espagne*, de *l'Italie*, de *la Suisse* et de *la Grèce* sont déjà livrés à l'impression, pour être publiés à des époques rapprochées, à partir du 20 octobre 1825.

L'introduction de l'ouvrage formera deux volumes comprenant un essai de géographie générale, et sur l'histoire de la science.

Le prix de chaque volume in-18, orné d'une carte, imprimé avec soin, sur papier fin, par M. Lachevardière fils, est du prix de 3 fr. 75 c.

LE SIÉGE DE DAMAS, poëme en cinq chants, par M. Viennet. 1 vol. in-8. Prix : 4 fr.

MARGUERITE LYNDSAY, roman de mœurs écossaises, traduit de l'anglais d'Allan Cuningham, par madame la comtesse M***, et précédé d'une Notice par M. de Barante, auteur de l'*Histoire des Ducs de Bourgogne*. 4 vol. in-12. Prix : 12 fr.

LE CLASSIQUE ET LE ROMANTIQUE, dialogue par M. P. M. L. Baour-Lormian, de l'Académie française, Br. in-8. Prix : 2 fr.

NOUVEAUX ESSAIS POÉTIQUES, par mademoiselle Delphine Gay. 1 vol. in-18. Papier grand raisin superfin.

MARIE DE BRABANT, poëme en six chants, par M. Ancelot. 1 vol. in-8., imprimé avec soin. Prix : 4 fr.

OEUVRES COMPLÈTES DE M. ALPHONSE DE LAMARTINE, contenant les premières et les secondes Méditations poétiques, la Mort de Socrate, poëme, le Dernier Chant de Childe-Harold, le Chant du Sacre, ou la Veille des armes, l'Épître à M. Casimir Delavigne, et celle de M. Casimir Delavigne à M. de Lamartine, augmentées de Méditations et de diverses Épitres. 4 vol. in-18, ornés de vignettes, papier grand raisin satiné. Prix : 18 fr.

www.ingramcontent.com/pod-product-compliance
Ingram Content Group UK Ltd.
Pitfield, Milton Keynes, MK11 3LW, UK
UKHW012158240726
13966UKWH00002B/428